Treasures for Scholars Worldwide

契嵩集

2

桂學文庫·廣西歷代文獻集成

潘琦 主編

廣西師范大學出版社
GUANGXI NORMAL UNIVERSITY PRESS
·桂林·

鐔津文集卷第十

藤州鐔津東山沙門契嵩撰

書啓狀

與關彥長祕書書

月日沙門某。謹奉書于彥長祕校。前辱彥長關侯。得潛子輔教之說喜與己合。遺書論大公之道百餘言。迺相稱太多。而潛子因彥長西行。方致書丞相。盛推此道。惟恐書不盡其意。復敘彥長見丞相。爲益言之。夫大公之道者。聖人之道之至者也。大公之道行。則不以天下苟親疎。不以忠孝要勢利。蓋臣合忠。子合孝可親者親之可疎者疎之是皆堯舜嘗之者也然故大公之道其本在乎誠與明也聖人存誠所以與天地通聖人發明所以與皇極合猶中庸曰喜怒哀樂未發謂之中發而皆中節謂之和中也者天下之大本也和也者天下之達道也堯舜所以至其道者蓋能誠明而持其本也夫誠明之道而聖人猶難之孔子曰大道之行也丘未之逮也而有志焉後世忠孝以勸慕致則以忠孝矜之逞之而勢利忠孝者競作紛綸漫漶交於天下誠忠誠孝不苟不黨者柰何與其混淆一世又豈能自白彼矜者逞者亦以自謂

人之為心而與己相類不復信有誠之之謂也故誠明之道蕩然不復見矣大公之道之本亦不復知之矣況復能守而持之者也彥長當是獨能毅然推誠與明而持論大公之道豈天資自得其高遠非習之炙之而然乎始潛子之書既出而搢紳先生之徒弟稱之其文善吾麤能讀百氏之書耳獨彥長謂我存心於大公其書勤且至矣非篤好其道相知之深安能若此耶方今大聖大賢相會於朝適以至公之道而治天下宜彥長振其本原力以誠明之道篤說資其所以為教化則功德勝業效白益又大矣勉之哉

勉之哉。不宣。某謹白。

答茹祕校書

月日沙門某。謹奉書。祕校茹君足下。近辱示手筆。稱美甚盛。謙謙以未相識。爲恨。愚何人也。當此大惠。幸甚幸甚。愚本庸陋。自度無以處心。因求聖人之說。以之爲善。既治吾道。復探儒術。兩有所得。則竊用文詞發之。而當世賢豪。不以其僭竊狂斐。相拒。向以爲可語。引之與游。雖然接其游處。綢繆至如朋友者。而未嘗軒豁以盡平心。蓋以人黨於教。罕不齟齬。雖欲道之。自顧其言。豈能必信於世。故常嗟咨悒怏。頗不自得及觀秘校送瑩上人序亦謂佛教教人爲善有益於世不隨時輩詾詾以相詆訶此非疎達知遠窺見聖人之深心則何能如是之至論耶不待相識固信祕校識度卓卓遠出時輩而宜吾傾懷盡心相與語之況又辱書惟道與文屈節肯相愛慕雖盛有道德如古高世之儕亦宜大進其說以廣祕書之志況吾區區當此盛可默默自祕耶夫佛道大至推而行之無所不可以之窮理盡性則能使人全神乎死生變化之外雖三皇五帝之道未始及之此誠非經營世間者所可擬議也以之治世導俗則能使人慈心潔

身。遷善遠罪。止諍不殺。平國家天下。其五戒十善之教。與夫五常仁義者。一體而異名。此又有爲者之所宜守也。古今之儒。辯之者多矣。皆不揣其本。以齊其末。徒以佛爲者。謂過與不及。而因之云云。其相訾百端。嗟乎。舜樂取於人以爲善。禹聞善言則拜。孔子擇其善者而從之。顏子得一善言則拳拳服膺而不敢失之。古聖賢人如此。以師于後世。而後之人。尚不能從之。至有悖亂喪性滅身破家亡國者也。況復妄斥善道。沮人爲之。如此則何以勸于後世耶。嗚呼。使後世之人。不盡爲善。亦妄辯者之罪也。祕校方爲國家

為政果能推之以廣堯舜之道則為之政為之治下亦愈大愈遠乎臨風且布所懷為答以謝厚意不宣

某謹白

與章表民祕書書

月日沙門某謹奉書于祕校表民足下某讀所示書究其意義所歸凡三數日方窺見其徼浩乎若瞰河海而莫知其源邈乎如望星辰而未得其故猶弸彪而令人驚愕疑今世之無有也始未相識表民來吾廬問文以取不肖忘其家勢貴盛肯與枯槁沈潛者用道義而相往來適見其識度智見遠矣及他日從

之游。觀其行已誠，與人信。卓卓與時流不同。益見表民之賢也，今得其文。文見其所以用心。以聖賢事業爲己任。詞理淵而淳。意義約以正，誠可信而可行也。雖古之人能文者，宜無以異於此也。將拳拳服膺之不暇。曷止賢其賢乎哉。某山林者也。固宜默默自守。安可論是與非，而可言而不言。亦有志者之不忍也。吾聞君子之學。欲深探其道。深探，欲其自得之也。於道苟自得之，則其所發。無不至也。所謂道者，仁義之謂也。仁義出乎性者也。人生紛然。莫不有性。其所不至於仁義者。不學故也。學之而不自得者。其學淺而習不正故也夫聖之與賢其推稱雖殊而其所以爲聖賢者豈異乎哉其聖者得之於誠明而賢者得之於明誠誠也者生而知之也明也者學而知之也及其至於仁義一也表民其學切深於道有所自得故其文詞之發也懋焉韓子所謂仁義之人其言藹如也十篇之文皆善而議禹辯命解尤善視乎世之謂爲文者茂如也苟發之未已將大發之掀天地揭日月則韓也孟也不謂無其徒矣且謬進狂言以回盛編不宣某謹白

與章潘二祕書書

具位某致書于二名儒足下近辱以詩見招而叔治繼之其風調相高皆宜其服人矣某雖欲爲之報若視喬木而高不可攀且書此以張其相感之意也然表民謂余以文而叔治謂余以才而相與云爾夫文與才皆聖賢之事而野人豈宜與焉如貧道始之甚愚因以佛之聖道治之而其識慮僅正逮探儒之所以爲蓋務通二教聖人之心亦欲以文輔之吾道以從乎世俗之宜非苟虛名於世而然也大凡恩於人而有誠者雖窮達不敢忘其始今得聖人之道而誠之至其可忘乎貧道常病夫庸僧輩寡識吾道不修

追乎名作德空。紛然以其末事。求儒文字。欲爲其飾。及其致譏也。并敎道而辱之。不能曉了。然復刊之石。刻之板。誇於世俗。終日洋洋然。以爲其德。若此輩。尤宜擯於吾佛。貧道也。益不得於人。此豈宜舍吾道。而自欲以區區之文之才。而竊譽於賢者。雖死不敢也。故受所惠時。幾捐書而泣曰。方今天子大明。疎通知遠。適閱意於南宗正法。某固而自棄於草莽。終不能以其道稍進。以上資於吾君之明聖。烏可又以其不肖。而累於敎道乎。諸君亦嘗視我以佛敎脩之。其爲誠不欺於天地。不怍於神明。苟謂其未至也。宜以儈

德勉之不然則已若謂之奇迹專以文字見教則不敢聞命弊名恐汙盛集幸爲削之其嘉章一一奉納不宣

與馬著作書

具位某奉書于著作馬侯執事辱貺獨秀石銘敘詞甚俊放意義高簡若不勞思慮一舉筆以成其文然此宜發揮聖人之盛德大業豈山石游物可當其美也執翫終日愛慕而顧無所能之人何以醻酢降服降服始此石與山俱溺於莽蒼中不知其幾千百年近世會好事者出之然南屏巖石大都皆奇而此石

尤奇其山見於世數十年矣獨秀石混然與眾石不分豈其怪特古秀非俗輩之所識疑待其眞賞精鑒以辨乎一旦執事果以其文發之傳聞於人未數日游觀者求其石而來往往有之此獨秀石遭遇執事不隱而顯也某由此乃感慨古今人有懷奇挾異終沈棄草莽不如其石者何限其人雖抱希世之才識而無知已止與庸俗相上下假如一遇學者蒙其不妒且謗亦其幸矣況敢望其以重語相推耶嗟乎世不樂道人之善者眾矣若執事視一物不棄其美尚以文詞稱揚於世信執事心量倜儻過於人百千輩

使執事得位於朝廷。推此心於人。則天下沈淪混俗之士。孰不得奮其才業。而執事之爲德。又盛於今也。聞古者有舜與顏子。最能與人之善。故後代謌誦其聖賢。雖萬世不休。執事果如是。决進不已。吾將見其世歌頌執事之賢之德。洋洋乎盈四海。而不已也。仍裁獨秀石古詩一首。塵奉高意。詞句凡下。極負慚靦。不宣。某謹白

與周感之員外書

具位某。謹奉書于感之員外足下。前日欲過所居。語其新園。其地甚佳。將置先父墳於其間。既與天休公

論之其人亦喜當時倉卒而未悉所談伺晚復見也會事偶不暇接見先時雖聞此言而疑感之等閒語耳既聞於尊官始信感之果然爲之驚怪數日來不能自處嗟乎感之忠孝之有稱者也何故忽然離其所守之如此也始感之與吾說其先父漸時教以骸骨歸故里與賢妣並葬初時感之拳拳然造次懼違遺訓謂感之奉父之道雖終身不改也然賢考意豈不以其身長於封又生感之輩爲南人質直可愛其於封爲故地亦其志耳歸葬之志是欲子孫懷故舊而不忘本也嗚呼賢父之志亦其遠矣苟如他邦之

地神靈清淑能使人今日葬之明日子孫便乃將相若孝子孫豈肯違父母之訓而爲子孫計耶況萬萬無此效也咸之讀書不忘道義盍不思易之謂葬者止取其過厚之義也孟子謂孝子掩其親但不忍視其形之暴露也至于三代惟恐貴賤僭偪奢儉失所故爲禮經欲人喪葬有節不聞求山川土地葬其親以爲富貴之資爲此說者蓋陰陽家妄張禍福以鼓動世俗而世俗汲汲於富貴不顧修德紛紛然樂從其說望如其志不亦惑乎若咸之賢而有識宜亦出拔追古之聖賢爲法惡得與俗浮沉此吾爲咸之之

不取也。聞古有周公者。其爲人子孫也。有聖德大業。相天下。萬世無比。實由其祖宗累代積德而致之。今感之爲子孫計者。當念忠孝仁義。苟有所未至。則勉力至之。彼陰陽家區區之說。奚足留意。某心素奇感之好節操慷慨有古人之風。及此大懼有所虧損。故不敢默默。可否。益宜更酌之。若自謂有異見。我果行其志。非蒙所敢知也。餘竢相見更論。不宣。

答王正仲秘書書

具位某奉書秘校正仲足下。近有客自藥肆中傳到七月所惠書一通。發讀。若與正仲風度相接。甚慰所懷也。然以我常爲往來者之稱道。所以特相推高。此侶未嘗有也。吾佛氏者。又其德不足聞達。黙於山林。而時所不齒。固其宜矣。何足云云。而正仲之賢。足以大自樹立。而尚孜孜以不得志。劇切爲憂。如此。則何慮其道德不至耶。昔樂正子爲政。而孟子喜之。謂其人好善。將有輕千里而以其善來告之者也。正仲好善之意。比於樂正子。豈直千里來告乎。宜資於天下善人可矣。此雖屈彼邑。幸且勉之。其道將有所張之也。所謂文集。此雖近成一書。僅五千言。蓋發明吾道。以正仲方專儒。恐未遑于此。不敢輙遁。秋杪如成嘉祐集當首請於下執事者。未相見間。幸倍保衛。不宣。

受佛日山請先狀上蔡君謨侍郎

右某今者。伏蒙知府。端明侍郎台造。特差衙前徐新等。遠賫牋疏。并帖四道。就潤州請召某。往淨惠禪院住持。今月二十日。於登雲禪寺。已恭受鈞命訖。伏念某。道德虛薄。器識浮淺。當預大賜。實爲忝竊。然而教法衰弊。緇仵隳怠。斯蓋侍郎。念西聖付託之意。特欲振起頹風。曲采庸聲。授以師位。詞疏婉雅。弘獎勤重。惟恐不勝所舉。塵累高明。且媿且幸。卑情無任。皇恐感激之至。謹具狀上謝。

與通判而下衆官

某近者伏蒙特自大府遠貺移文召蒞名山授以師位既省己之虛薄及聞命以驚惶顧遜讓之靡遑媿忝竊而無狀伏惟某官道極一貫識該九流總羣言以爲公咨衆善而致治樂從西聖之教廣其勝緣榮貳東侯之藩重其明命辭意斯美惠愛亦深既被德而有由卜趨風而匪遐謹先差僧馳狀上聞兼伸咨謝伏惟尊慈俯賜照察

與諸山尊宿僧官

右某茲者偶以虛聲謬當盛命預侯府之弘獎冠禪

肆之上游。循省愚冥。誠謂忝竊。此蓋某人念聖法之既替。推風義以相先。曲采微才。容參大職。擇善德之彌在。爲道力之斯充。雖汲引以有由。媿陞陟而無狀。趨覲非遠。敘贊罔周。謹先差僧馳狀。披露下懇。仍伸上謝。

與諸檀越書

某啓。茲者輒以虛聲。謬當嘉命。預府侯之奬譽。冠叢室之茂遷。循審愚衷。誠爲忝冒。此蓋某人曲推道義。俯贊佛乘。奉外護之清規。廣難思之勝事。將趨推會。以卜良辰。感載乃懷。諸容面敘。不宣。

赴佛日山請起程申狀

右某今者。伏蒙知府。端明侍郎台命。俾就淨慧禪院住持。祇荷恩輝。豈任感媿。以今月初五日。已起離潤州。參見在即。謹具狀申聞。

接杭州知府觀文胡侍郎先狀

某此者。伏審得請北闕、拜命東藩。重雨露之殊恩。輟樞機之密任。來蘇之頌已作。坐鎮之風聿揚。伏惟知府觀文侍郎。藝苑碩儒。生靈上哲。蹈聖人之閫奧。擅文章之師宗。灑麗藻於詞林。發揮帝詔。儲鴻勳於樞府。增大聖功。倚注方濃。請陳逾恪。惠全吳之美俗。聳故國之榮觀。民望傾城。待瞻父母。壺迎滿道。願覩旌幢。某忝主祇園。濫當師作。願惟昔日。幸接淸塵。豈謂暮年。獲栖貴部。念衰憊之斯甚。媿參迓之未前。伏惟台慈。俯賜念察。卑情無任。瞻望欽頌之至。

接錢唐知縣先狀

某啓。伏審榮奉詔命。光臨縣封。數百里父母之仁。副一時雲霓之望。人樂利見。頌起來蘇。伏惟知縣司門。才識高明。器量遠大。襲奕世之軒冕。揭名家之規模。美聲溢於盛朝。東侯企慕。高迹著於惠政。西浙欽風。鄉原預不敢欺。壺漿已爭先接。某濫綱禪席。塵與華

疆。拱白日以傾心。仰青雲而垂蔭。謹先狀迎。伏惟鑒
念云云。

接大覺禪師先書

某啓。近者竊聆。俯從衆命。臨鎮弊山。祖席增光。吾道
復振。卽辰伏惟法候休粹。某僑寓龍山。北趨尤爲不
便。不及遠迎。舟御甚媿畏也。謹先奉啓咨聞。不宣。

謝王侍讀侍郎

某再啓。切以知府侍讀侍郎。偉器淳誠。實乃聖世名
臣。薦陞顯位。奕葉貴重。而又博通知遠。弘奬佛乘。天
下緇流。仰爲城塹。某昨者。愚不自度。輒奉私書詣闕。

以扶至教。侍郎念其微效。特與薦諭。天子允從。遂成就其素志。是蓋侍郎。全成其美。鉅力贊護。乃致若斯。當與天下緇徒。勵力行道。以振其大恩盛惠。而不敢忘也。卑情無任。懷風詠德。祝頌知歸之至。

謝沈司封提刑

某啓。昨日伏蒙降重。獲揖風素。殊慰久違之思。然而幸閱鐔津風俗之差美。是乃太守仁賢。風化致然。蓋斯民之大幸也。某嘗慨彼遠方異俗。佛乘不備。雖甚衰老。尚欲以能仁氏之遺衆。勸導邑子。以爲上善。猶賴公儀遺愛資助。使其一二載得遂鄙志。又猛陵人俗之幸甚。而勝緣有在也。仙舟首程。顧不能出關相送。徒益黯悒。乍遠千萬。乞惟善視尊履。謹令僧馳啓參謝。

謝王密諫知府惠詩

某啓。今月十四日。杭州送到所賜佳什一封。開發披讀。且驚且喜。仰戴恩輝。無任感媿。伏惟知府密諫位尊望重。聖宋名臣。才識高遠。臺閣師範。乃特俯念物外幽陋之人。以其荒蕪鄙俚之言。和而發之。格律雅重。風韻高邁。是謂假日月餘輝於爝火。借韶頀大音於土鼓。賁其微善。勸爾小學。忝此大賜。實為甚幸。方屬居山。訓領少衆。不遑躬趍下執事者。謹先附啓上謝。伏乞台慈。俯賜念察。

與瀛州李給事

某惶恐啓。去歲因使者北還。嘗得上狀。諒必已呈高明。即辰伏惟台候嘉勝。高陽政治簡靜。安衛道氣。必益得妙理。某山栖幽陋。且此潛密。第媿違遠風儀。茲爲眷然。秘校告往榮侍。輒此少申卑素之萬一。惟冀鑒念。不宣。

與廣西王提刑

某啓。無狀之人。輒蒙其黨相嫉。且訩訩不已。以此故不敢往來。實爲彰於鄉邑之棄。昨日幸光臨。慰沃多矣。此得預大賢按部弊屬。將製贄於路隅。先沐賜敎。豈深感媿。某獨立無繫。言多忤物。或云以言忤物將遠匿羅浮。藤守沈公儀賢儒。相與有期。冬杪春初。決浩然南還。當首候使車。違遠尊明。萬乞爲國重愛。謹上啓。少布區區。不宣。

與陳令舉賢良

某啓。自湖旁冒雪相適。已數月矣。別後但眷眷然。仲秋時。接所示書。乃知令舉至官甚善。不以遷謫介意。公餘揭牕。對雲而坐。道情清勝。乃下視塵俗。超然自樂。雖白樂天九江之時。何以過之。風聞。人但景服不暇。令舉當世賢豪。更以外物自如。此其清規素德。益絕人遠矣。老弊浮雲落葉。飄泊尙若不定。雖有陪三峽五老之興。安得遂之。猶遠高論。萬乞善保尊履。不宣。

與潤州王給事

某惶恐啓。上知府給事几下。某山棲荒僻。不便行李。久闕馳狀。不勝瞻系。伏審旌珮。已鎮南徐。況彼比比數萬之家。不亦復荷大賜乎。無任欽頌景服之至。大熱。伏乞上爲國朝自重。虔祝。謹附啓上覆。不宣。

與王提刑學士

某啓。伏自京師罷奉貴遊還山。雖聞廣按江外。終無以奉書。適知軒從。已屆此郡。伏惟尊履休美。某近自蘇挈書。欲闕奏納。以疾未暇。前趍容稍平。復當以微意上扣。謹此先布區區。伏惟念察。不宣。

與陸推官

某啓。自曠清談。驟更良節。林木幽隱。圜堵寂寥。了亡世紛。足以自得。其餘追復舊好。睎想清才。懸搖之心。狀貌難盡。猶聆蒞事明敏。越於時輩。蔄古一詞。所共稱賞。况在顧盼之預。盍不欣愉。暑中萬希善保。不宣。

與張國博知縣

某啓。孟夏漸熱。伏惟知縣國博。尊候起居萬福。某卽日蒙庥如宜。比者伏審榮奉明命。臨鎭縣封。敦惠斯民。雅副物望。某未遑參賀。卑情無任忻慶瞻依激切之至。謹奉啓。不宣。

謝錢唐方少府

具銜右某。此者。伏蒙仙尉秘校。特枉軒蓋。臨賞岩扃。衡宇增輝。緇屬稱慶。限以夏制。尙緩趍風。媿畏良深。景服徒切。謹上狀咨謝。伏惟尊慈俯賜念察。不宣。

與仁和趙少府

某啓。前日伏承。臨訪山舍。無以為待。不勝媿畏。繼以佳什。見寵稠重。風調高雅。豈幽陋之可攀續。不揆荒唐。勉强和之。但以取笑。大手名匠。暑濕。惟自重。不宣。

與沈少卿見訪

某惶恐啓。昨日奉蒙。降訪客舍。仰荷尊賜。不任感媿。但以老弊弗堪人事。未果即趍几下。謹令弟子馳啓上謝。伏惟少垂鑒念。不宣。

與祖龍圖罷任杭州

某啓。此者。伏審知府龍圖罷鎮名藩。即日趨詔歸闕。行舟首路。某山林逋病。不能遠郊馳送。徒增黯戀。仁德僂僂奉此咨露伏惟台慈念察。

送詩與楊公濟

某啓。不披倍來。倏越旬日。春氣尚淺。景色猶寒。惟體中無恙否。近緣禪關不固。習氣寍忘。因得斯謬妄。蓋適性而已。豈敢風雅可與哉。然拙人用鎪。不若智人揮钁。況足下才力有餘。可能爲我一鋤。勿使傍觀揜口胡盧而笑。

還章監簿門狀

某啓。昔日伏蒙特墜清雅。素賁旅寄。不任感荷。容宿恙稍痊。當走左右。以承盛刺。謹具狀上納。伏惟垂察不宣。

與石門月禪師

某啓。昨三月得公晦書并所制悲風謠後序。慰諭勤至。非深交至友。何肯如此。於感佩萬一也。然序文殊佳。但其德薄。不任稱奬也。此爲忝耳。公晦久別。所諭何老而益賢如是。喜且非常。我但白首偃蹇。不能自振。況暇於教道也。視此得不媿乎。栖居石壁。殆二年矣。雖然自適頗樂。顧人生如夢。何足堪恃。紙衾瓦鉢外。惟圖書雜然於室中耳。流俗所尚。一無留也。近著孝論十二章。擬儒孝經發明佛意。亦佀可觀。吾雖不賢其爲僧爲人亦可謂志在原敎而行在孝論也今以相寄蓋以公晦善於親也所栖雖牢落於佛法其意亦不敢怠徐當爲敎門著一大典但慮其功浩大若果就先當相聞公晦道已振一方吾復何云但善將身世此爲至祝專人還特此上聞

與黃龍南禪師 別副

某再啓和尚有大勝緣所止則學者雲從景附實末代之盛事萬幸益勉尊用某濫主禪席德薄言微不爲時之所信徒勞耳目自近有匿羅浮之意果行必道出江南當拜求高會公晦和尚平生心交今老在

一涯。二年化僧不至。不聞其音。或因遺書。乞爲呼名。黃龍古之名寺。應稱清棲。法澄每談及積翠風景。聽之使人神動心飛。今何人得其居也。愚甥孫。早辱教誨。亦僅似人。顧小子。何以報重恩。路遠不及以麤物輒陳左右。惟拳拳欽詠耳。

答黃龍山南禪師 次副

某稽首。雖聞祖圖宗記。已辱采覽。而未奉評品。鄙心得無慊然。辱賜教墨。乃過形獎飾。豈大善知識爲法。欲有所激勸爾。且感且媿。某平生雖猥懦。無大樹立。然亦勇聞清遠高識之士。三十餘載。徒景服道素。不得一與勝會。此爲眷眷。知復領大眾于龍山。其欽尙好善之誠。何書可盡。春煦。幸千萬爲法自重。僧還謹布區區。

與圓通禪師

某啓。去年夏首。聞移錫崇勝。喜慰喜慰。廬阜天下勝壤。宗教所出。得大知識鎭嚴。乃學者之大幸也。珠上人至。果聆淸規益舉。又喜之也。惟久之可矣。乞罔起他方之念。尤佳。某衰老翛然客寄。弘法無力。徒欽羨於能迹耳。逾遠風論。千萬善保。因介謹此咨露。不宣。

又與圓通禪師

某啓。東林莊僕至。辱手筆。知退法席。專有高趣。欽羨欽羨。但廬阜不得鎭嚴。亦禪林之不幸。見邀虎溪之居。足仞風義盛重。但某濡滯。不能卽拜雅會。殊爲慊然。餘且別副。未披覿間。千萬善愛。

答圓通禪師讓院

某啓。前日專人傳到華緘。承已得美罷。潛道於此。緣德方盛。年臘相然。何遽爾驚衆耳目。又聆黑白復請留此。千萬且從輿論。某老弊德薄。不能爲之綱紀。天下共知。潛道何誤以此人爲代。在潛道推讓之情。雖自高冠。而鄙劣之人。終何以當。克萬萬須自忘雅意。

爲衆少留。老弊東西南北人也。固無定迹。奉見未期。千萬留意。

答萬壽長老

某啓。專人至。辱手教。慰諭足仞。久要之不忘也。萬感萬感。法印和尚。不可救療。遂至如此。愴感無已。索文志其塔。雖腆忝相知。至於厚善。當此豈可飾讓耶。且以拙直之筆。聊奉佳命。亦表生平交契之誠耳。用舍更在裁之。益熱。千萬爲法自重。謹此咨答。不宣。

與萬壽長老

某啓。音信雖不相通。而欽服道素。徒此勤切。或云勤勤某無狀老更彌篤春季間罷去佛日深匿龍山蕭然人不堪其憂而余之未嘗自厭比欲致奉問聆道蓋淮南未還故不果然適會曹君乃知起居淸勝善慰孤迹不肖見謀往廬山治行當首拜道場冬寒未見間萬乞善愛謹此布區區不宣

謝杭州寶月僧正

某啓比老以衰恙告免住持特蒙垂訪過形存恤仰荷道眷豈勝感媿尚以夏制未遑前禮謹奉啓上謝

退金山茶筵　回答

某啓適早監寺至辱牋命就所棲以預精饌意愛之

勤。豈可言諭。乃盡誠素。某雖不善與人交。豈敢以今日之事。自虧節義。無煩相外。清集方當大暑。告且爲罷之書。謹令人回納。伏冀慈照。

與東林知事

某啓。今者伏承遠馳价使。特贈書問。以昔賢勝集之所假。無狀自匿之便。嘉命遠至。光賁殊多。某人曲采虛聲。更推高誼。循省其愚。何以當克。媿以老憊復辜事緣。趨赴未皇。但深媿怛。久滯來人。益增慊悚。价還奉狀布謝。伏惟慈念。

與楚上人

今月十六日人來。獲贈筆語。所喜道意清淨。不事他緣。人生世間。閑爲第一。此事勿使俗眼見之。一二年來。甚不喜聞也。思慮消盡。無事可堪。古云千里同風。斯之謂矣。所問賢弟不獨愚迷。兼亦倒置。子爲劇言來諭。如風過樹。秪益嘈嘈耳。病在膜內。無由除之。足下雖有弟兄之情。柰何柰何。

發供養主與檀那

某啓。萃茲勝侶。允賴檀賢。雖素欽於令猷。尚未披於粹表。企慕徒切。揖晤未期。秋氣稍清。珍育是禱。化人行。專此奉啓。不宣。

鐔津文集卷第十

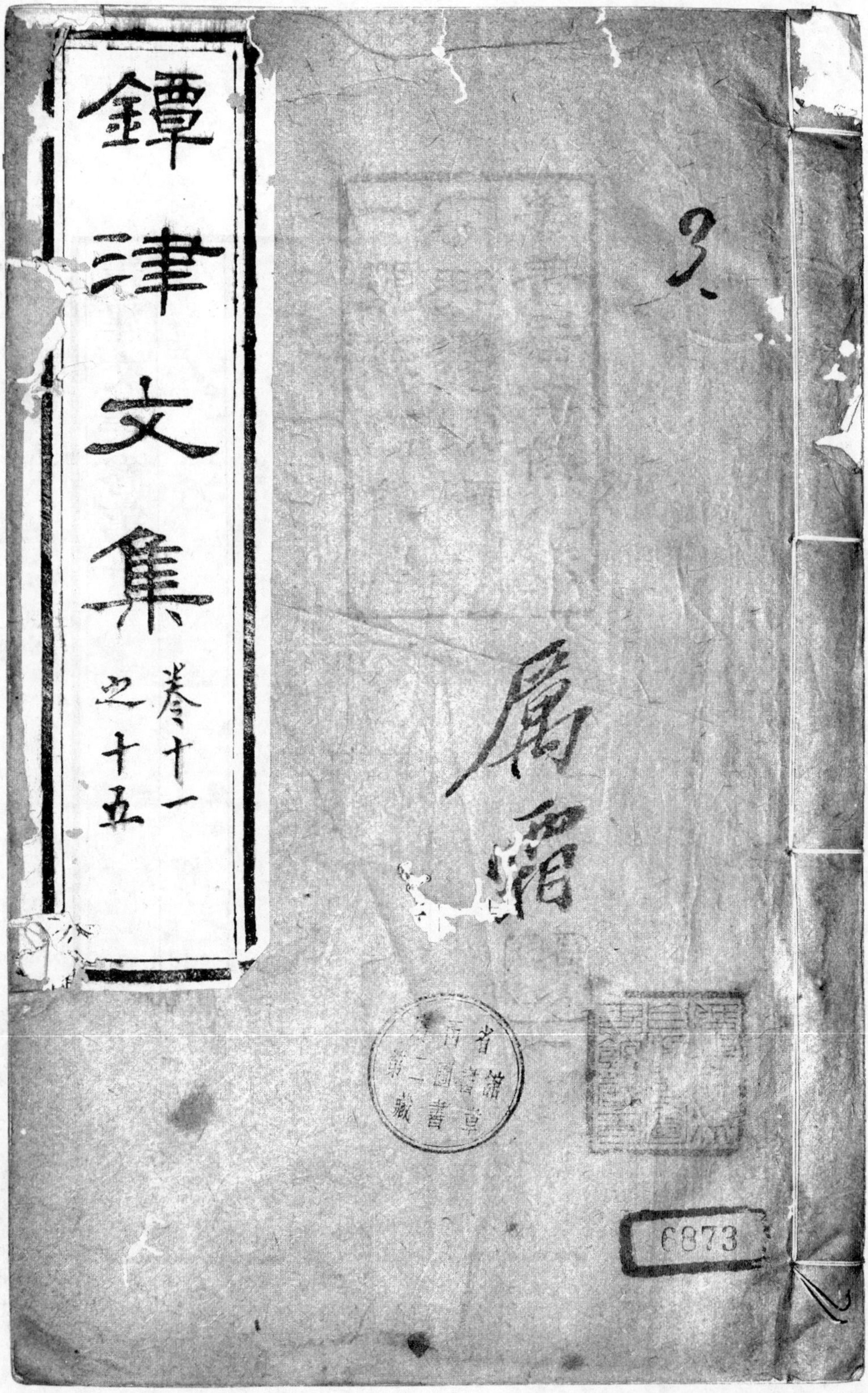
鐔津文集
卷十一
之十五
6873

鐔津文集卷第十一

藤州鐔津東山沙門契嵩撰

叙

傳法正宗定祖圖叙 與圖上進

原夫菩提達磨實佛氏之教之二十八祖也。與乎大迦葉乃釋迦文如來直下之相承者也。傳之中國。年世積遠。譜諜差謬。而學者寡識。不能推詳其本眞。紛然異論。古今頗爾。某平生以此爲大患。適考其是非。正其宗祖。其書垂出。會頒祖師傳法授衣之圖。布諸天下。而學佛者雖皆榮之。猶聽熒未諭上意。某幸此竊謂識者曰。吾佛以正法要爲一大教之宗。以密傳受爲一大教之祖。其宗乃聖賢之道原。生靈之妙本也。其祖乃萬世學定慧之大範。十二部說之眞驗也。自書傳亂之曖昧漫漶。天下疑之。幾千百載矣。今上大聖。特頒圖以正其宗祖。然聖人教道。必聖人乃能正之。是豈惟萬世佛氏之徒大幸也。亦天地生靈之大幸也。某固不避其僭越愚忘之誅。敢昧死引其書之舊事。推衍上聖之意。仰箋于祖圖。亦先所頒祖師傳法授衣之謂也。然其始亂吾宗祖。熒惑天下學者莫若乎付法藏傳。正其宗祖。斷萬世之諍者。莫若乎

禪經。禪經之出。乃先乎付法傳六十二載。始終備載
二十八祖。已見於晉之世矣。付法藏傳乃眞君廢教
之後。闕然但謂二十四世。方見魏之時耳。適以禪經
驗。而付法藏傳。果其謬也。若如來獨以正法眼藏。密
付乎大迦葉者。則見之大涅槃經。智度論禪經與其
序也。以意求之。而佛之微旨存焉。上叡性高妙。獨得
乎言謂之外。是乃天資佛記也。故其發揮禪祖雅與
經合。宜乎垂之萬世。永爲定斷。三學佛子。尊之仰之。
天下不復疑也。其圖所列。自釋迦文佛。大迦葉。至於
曹溪六祖大鑑禪師。凡三十四位。又以儒釋之賢。其

言吾宗祖。素有證據者十位。列於諸祖左右。謹隨其傳法正宗記。詣闕上進。塵黷宸眷。不任惶恐震懼之至。謹叙。

六祖法寶記叙 此郎侍郎作附

按唐書曰。後魏之末。有僧號達磨者。本天竺國王之子。以護國出家。入南海。得禪宗妙法。自釋迦文佛相傳有衣鉢爲記。以世相付受。達磨賫衣鉢航海而來。至梁。詣武帝。帝問以有爲之事。達磨不說。乃之魏。隱於嵩山少林寺。以其法傳慧可。可傳僧粲。粲傳道信。信傳弘忍。忍傳慧能。而復出神秀。能於達磨在中國爲六世故天下謂之六祖法寶記蓋六祖之所説其法也其法乃生靈之大本人焉鬼神焉萬物焉遂與其清明廣大者紛然而大異六祖憫此乃諭人欲人自求之卽其心而返道也然天下之言性命者多矣若其言之之至詳理之之至當推之之至悉而釋氏得之矣若其示之之至直趨之之至徑證之之至親而六祖之於釋氏又其得之也六祖於釋氏教道可謂要乎至哉今天子開善閣記謂以本性證乎了義者未有舍六祖之道而有能至於此者也是則六祖者乃三界之慈父諸佛之善嗣歟偉乎惟至聖而能

知至道也。然六祖之說。余素敬之。患其爲俗所增損。而文字鄙俚繁雜。殆不可考。會沙門契嵩作壇經贊。因謂嵩師曰。若能正之。吾爲出財模印。以廣其傳。更二載。嵩果得曹溪古本校之。勒成三卷。粲然皆六祖之言。不復謬妄。乃命工鏤板。以集其勝事。至和三年三月十九日序。

明州五峯良和尚語錄叙

始釋迦文佛。經敎之外。以大三昧。命其高第弟子大龜氏傳之。然非不關經教。蓋經教之所明也。將以印正一切法門。決定爲妙覺之宗極。及其菩提達磨。承大龜氏二十八世。方傳諸夏。諸夏之至曹溪第六祖。益傳之。往之時。世未習熟。諸祖師猶傍經以諭學者。未即純以眞要示之。後世至人。觀機而宜之。遂直用此發人。故其所爲人。不復以經語。故天下之守章句者。聽熒。謂其背經。立異以非之。噫。是豈知夫變而通之殊。契經也。然學者不易至之。至之復難繼之。繼之復難辯之。猶人皆畫龍。而未始得其眞龍形者。逮有以眞龍告之。而世亦不信。蓋天下識龍者寡也。今世孰不說道紛然。皆傳其所傳。至其與否。豈能盡得其所辨耶。吾故嘗憂其混亂道眞。爲學者大病。但媿匿而不能張之也。今見吾所知。五峯良公。善知識也。益喜其言。良公亦忻然相得。遂出其語錄示余讀之。多其所發殊妙。所謂善變而通之者也。良公受於慈明圓禪師。慈明傳臨際。繼際大智大寂之所傳。此良公宜禪者師也。若其修潔之美。而邑人四方盛稱之。此不復論。

武林集叙

慧遠和尚以有道稱於四方。在天禧乾興間。其名甚振。學者無遠近歸之。如水沛然就下。予少聞之。恨不識其人。晚游吳。得其語於勤暹二師。觀其發演詳悉。

應對次序。語言必文。不以凡近雜出。雖出入大經大論。傍及治世文書。老子莊周之說而不疑。開究其意義所歸。而與佛法奧妙。似乎不可以智窮。神而明之。其庶幾乎。始達磨大師以佛心印至中國。會梁天子。耽有爲。不省其言。達磨北入嵩山。面壁終日默坐九年。華人之疑稍解。而達磨之道遂傳矣。以故後世傳高僧者。以禪觀定其所傳。又後世學者無遠識。頗信傳者。謂然其言亦不思之甚也。達磨之道豈止於禪觀而已矣。夫禪者。靜也。觀者。觀也。聖人教初學者使靜思慮。以觀其道也。若達磨所傳承於高足弟子大迦葉昔如來將化以正法眼可以言語發不可言語到故命大迦葉以心相傳所謂正法者也大教之所以出衆經之所以明也得乎此者雖以萬端言之其所言未始雜也不得乎此者雖絕言而守之其所守未始不惑也今和尚之言其得正法之謂也禪觀焉能盡之和尚出於雲門大師三世雲門出於大鑒禪師八世嗚呼去聖人益遠學者疑惑錯謬當其時和尚去雲門大師未百年獨抱正法與其人相望毅然引學者以其正法眼藏以正其傳授學者眞若得止以息狂走其於教道而德亦至矣旣沒弟子輩緝其

言以其所居之地名之曰武陵集。慶曆壬午歲孟冬二十日序。

原宗集叙 或名宗原

象郡懃師聚禪學百家之說。採而取其言之尤至者。次爲一家之書。由釋迦如來而下。至于雲門摳衣弟子。凡三百三十三人。其語有六百二十則。總一萬八千餘言。書成。命不腆名而叙之。大旨以不循語言。生所解會。平常簡密而不失其宗者。爲得之矣。故曰原宗。懃師證法於德山遠公。印可於三角澄公。澄遠皆雲門匡眞大師之法孫也。雲門秉雪峯存禪師。雪峯承德山宣鑑。德山續龍潭信。龍潭嗣天皇悟。天皇繼石頭大師。石頭紹廬陵思和尚。思和尚受法於第六祖大鑒禪師。廣菩提達磨所傳之道。故天下學佛者尊其德。如孔子承周公。而振堯舜之道。聖人舉其用。所以謂教也。大用不可卒究。卽文字以爲詣。洎乎種智差別。法門萬殊。復懼後世多聞者過困。學者不及。故釋迦如來。直以正法授大迦葉。雖示有言說。而不迹文字。菩提達磨去如來二十九代。受之東來。人始莫曉。時皆擯棄。及其傳至大鑒。世且大信。邇學者猶水之沛然就下。噫。像法之季。去聖人益遠。學者穿鑿遂失道眞懃師長爲之太息。故楷其宗極。庶幾有所正也。是歲康定辛巳孟冬月望日也。

移石詩叙

移石詩。君子之美移石也。始其棄於道傍。雖其瑰怪偉然可觀。而路人不顧。無諅師思取而顯之。乃用工者計。不崇朝遂致于戶庭。巉崪嵌虛若山聳洞壑。前瞰淸沼後蔭茂樹。左右益闢三堂。曰石筵。曰照古。曰禪燕。者臨之使人悠然有幽思。自是誇者相告。觀者趨來。石之美。一旦遂顯。無諅復作詩以歌之。賢士大夫與方袍能詩者。亦從而賦之。必欲余爲序。然人皆有所嗜之事而有雅有俗有淫有正視其物則其人之賢否可知也若石之爲物也其性剛其質固其形靜其勢方方者似乎君子彊正而不苟也靜者似乎君子不爲不義而動也固者似乎君子操節而不易也剛者似乎君子雄銳而能立也然移石之名益美乎是其外峯岠似乎賢人嚴重而肅物也其中空洞似乎至人虛心而合道也今無晉以吾道爲禪者師以翰墨與儒人游取其石而樹之於庭朝觀夕視必欲資其六者以爲道德之外奬操修之默鑒也及讀其詩求其所以爲意者則未始與此不合然無晉其

心如此之遠也而與世俗之虛玩物者固不足相望諸君美而賦詩不亦宜乎其詩凡若干首皆詩之豪者也覩之可見豈卑論所能悉評某歲月日某序

法雲十詠詩叙

法雲晝上人繕其居之西廈曰翠樾堂以其得山林之美蔭也戶其北垣曰陟崖門示其乘高必履正也始其入林之徑曰嘯月徑高其所適也疏其泉曰夏涼泉貴其濯熱也表昔僧之塋曰華嚴塔德其人也指其嶺之峻絕者曰樵歌嶺樂野事也名其亭曰暎發亭取王子敬山川相暎發之謂也目其山之谷（音浴）

曰楊梅塢。別嘉果也。榜其閣。曰清隱閣。以其可以靜也。就竹闢軒。曰修竹軒。擬其操也。是十詠者。舉屬法雲精舍。法雲宅大慈山之中。與郭相去迨十里。北瞰徹浙江。南通錢唐湖。過重崗複嶺。翛然沿溪涉澗。水聲泠泠。雲水杳靄。校乎垂江瀕湖之山。而大慈最爲幽深。法雲庭宇瀟洒。林嶺盤欝環翠。比乎慈山之他寺。其又絕出者也。昔吏部郎公以侍郎致政。還故鄉。多優游名山。尤樂此。以爲高蹈之佳處也。每來則踰旬跨月。陶陶而忘反。吏部名德熏於天下。既好是也。人亦斐然從而尙之。故法雲勝槩遂遠聞。播畫師猶以爲未盡其山水之美乃益揭其十景者。拳拳引詩人詠之。縉紳先生之流。與吳中名僧。聞皆樂爲之賦。競出乎奇詞麗句。而風韻若出金石。鏗然起人清思。所謂勝槩者。益聞益播。將傳之而無窮也。然物景出沒。亦猶人之懷奇挾異者。隱顯窮通。必有時數。若此十詠之景。所布于山中。固亦久矣。棄置而未嘗稍發。今晝師振之衆賢詩而光之。豈其數相會亦有時然乎。故賢者。雖終身晦之時命也。不足歎之。忽然曜之。時命也。亦不足幸之。上人既樂得諸君之詩。特屬予以爲序。然無謂。豈能盡其詩之美也矣。

法喜堂詩敍

好事者刻法喜堂詩將傳。而淨源上人。預其編次。以其事謂潛子曰。幸子志之也。夫法喜堂。乃寶月廣師所居之室也。君子善其以法喜自處。故作詩而稱之也。其詩凡若干篇。乃縉紳先生鉅公偉人之所爲也。高逸殊絶。不可得而評也。若寶月居心休美。寓醫以廣其行。章表民。敍之詳矣。吾不復論也。第發其法喜之謂耳。夫法也者。道也。喜也者。悦適也。道固天人之正也。人而不適道。烏乎爲心也。夫死生。人生之大變也。非適道。不能外其變。以至神完也。榮辱盛衰。人事之變也。非適道不能順其變以至分安也。愛惡取捨人情之變也。非適道不能理其變以至性勝也。故謂道無不存。一貫乎內外也。惟聖賢常以道凝生之不亂。死之不汩。出之不渝。處之不悶。貧之不窮。富之不淫。山林也。朝市也。惟道所適也。俗不顧道。而娽娽以其變弊。嗟乎。古今豈少乎哉。寶月杭人也。其國樂土風俗以奢侈相高。尙方服之人。幾忘道而趨其所尙也。寶月廬其市井紛華之間。乃翹然獨修法喜之樂。是豈惟務其自悅而已矣。其將有所師而勸之乎。羣公賦詩而美之。是也辛丑仲冬八日潛子序題。

山茨堂叙

南宗智嚴師主慶善精舍而邑人宜之將一年所居已葺白雲堂人亦新之且以書邀其侶契嵩曰吾虛是室以待子會予方專意於習禪著書其年遂來視厥堂控半峯嶷然出其居之後戶牖南敞前望連山青嶂邐迤與村疇雲樹而相映帶若見好畫蕭然發人幽思余喜處之經歲心甚自得而塵事寡日益清淨因思其舊名取義太近輒命以山茨之號更之山茨者蓋取梁之高僧惠約所居之名也昔約方以德高見重於天子而汝南周顒乃營山茨寺于鍾山而

命之居。故顒美之曰。山茨約住。清風滿世。若約者。可謂吾徒之有道者也。吾徒宜慕之。愚何敢跂望其人也。取其山茨而名是堂者。誠欲警愚之不及也。慶曆丁亥孟春之晦日序。

趣軒叙

慈化都僧正。所居之北軒者。在精舍爲窮奥於他牖。最虛明靜。可以宴安。可以休適。慈化喜此。欲潛子名而揭之。潛子謂慈化曰。了性師。人皆有好。而子之好。喜近道。其殆庶幾乎。靜乃正。明乃鑑。虛乃容。深奥。所造乃清。雖其方丈環堵之室。至道則清風浩氣。光天地。貫古今。妙乎人間世。而絕出窅然。不必在乎青山白雲也。寥廓無際。不必在乎世表方外也。上人其好。旣有至道之趣。而潛子乃以趣軒名其北軒而文之。益示慈化。志之所尙淸勝。潛子。猛陵之契嵩也。

山游唱和詩集叙

楊從事。公濟。與冲晦晤上人。訪潛子。明日乃邀宿靈隱。又明日如天竺。遂宿於天竺也。三人者。游且詠。得詩三十六篇。公濟請潛子前叙。潛子讓公濟曰。吾不敢先朝廷之士。公濟曰。此山林也。論道不論勢。潛子叙非忝也。潛子曰諾。吾叙。然公濟與潛子輩。儒佛其人異也。仕進與退藏。又益異也。今相與於此。蓋其內有所合而然也。公濟與冲晦以嗜詩合。與潛子以好山水閑適合。潛子亦麤以詩與冲晦合。而冲晦又以愛山水與吾合。夫詩與山水。其風味淡且靜。天下好是者。幾其人哉。故吾屬得其合者。嘗鮮矣。適從容山中。亦以此會爲難得。故脗然嗒然。終日相顧相謂。幾忘其形迹。不知孰爲佛乎。孰爲儒乎。晉之時。王謝許子。以樂山水。友支道林。唐之時。白公隱廬阜。亦引四釋子爲方外之交。其意豈不然哉。合之道。其可忽乎。雲與龍。貴以氣合。風與虎。貴以聲合。聖與賢。貴以時合。君與臣貴以道合。學者貴以聖人之道合。百工貴以其事合。昆蟲貴以其類合。不相合。雖道如仲尼伯夷。亦無所容於世也。天下烏得不重其所合乎。方二君之來也。逼歲除。山鬱鬱以春意。然代謝相奪。乍陰乍晴。朝則白雲靑靄絢如也。晚則餘冰殘雪瑩如也。飛泉泠泠若出金石。幽林梅香。或凝或散。樹有啼鳥澗有游魚。而二人者。嗜山水。則所好益得。嗜閑適。則其情益樂。勝氣充浹。而更發幽興。優游紆餘。吟嘯自若。雖傍人視之。不知其所以爲樂也。坐客接之。不知其所以爲得也。獨潜子蒼顏敝履。幸其末游。而謂之曰二君之樂非俗之所樂也二君之得非俗之所得也是乃潔靜逍遙乎趨競塵累之外者之事也終之可也因評其詩曰公濟之詩贍沖晦之詩典如老麗雅健則其氣格相高焉潛子黙者於詩不專雖其薄弱病拙遠不及二君豈謂盡無意於興也

山游唱和詩集後叙

公濟初與潛子約爲詩前後叙潛子不自知量旣緒其端公濟乃謙讓不復爲之然詩之意所叙未盡始公濟視潛子山中值雪詩愛其孤與獨往謂瀟灑有古人風遂浩然率沖晦袖詩尋之留山之意極欵曲

潛子亦以公濟既相喜好。其意非常。頗不自拘介。樂與游詠。潛子禪者。罕以思慮亂在吳中二十有餘載。辱士大夫游從數矣。如故侍郎郎公之顧。其最厚深。郎公又以詩名顯天下。而潛子奉其唱和。亦不類今恣肆而不自慎也。然潛子雖固。平生長欲晞於高簡雅素。如支道林廬山遠者。爲方外人。患力不足及之。雖然老矣。而吾方袍之徒。肯相喜而從其游者。幾其人乎。公濟儒者。才俊。與子異教。乃相善如此之懃也此不與游且詠。而孰與游乎。唱和總六十四篇。始山中游詠而成者。三十七篇。其後相別。而諸君懷寄賡

唱往來者又二十七篇竝編之爲集嘉祐己亥仲春之五日潛子復題云

與月上人更字叙

上人名曉月字竺卿余以始字其義不當不可以爲訓義以公晦易之名以月者蓋取其高明之義也然明不可終明必受之以晦日月終明則晝夜之道不成故日晦於陰而月晦於陽也天地日月之至明者也聖賢烏可終勞其明乎聖賢終明則進退動靜之道固不足法於世也故古之聖賢者明於有爲而晦於無事也舜明於政治而晦於得人以讓天下文王

建箕子。明於陳九疇。而晦於大難。周公明於輔相。而晦於成功。孔子明於春秋六經之文。而晦於旅人。顏子。孟軻。子思。楊雄。皆相望而晦。明於後世也。故其事業甚大。道德益揚。作法於世。而萬世傳之。今上人有器識。明於爲學知道。其將有所晦乎。上人吾徒也。與世俗事物邈然不相接。又益宜晦焉。余於上人故人也。別去十年。果得法。自瑯琊來會於吳中。觀其處心空寂。能外於身世。而不累其得喪是非。眞所謂能向晦者也。字之以晦。抑亦發其藴也。一旦以道歸。覲其所親。索文爲別。故序其字而贈之云。

周感之更字敘

周君初字感之余以其義未極請用誠之以更之周君名應然萬物莫不以類相應而不能應非其類也惟人誠乃能與天地殊類相應故誠應者應物之公也類應者應物之私也私則寡得而公則寡失君子恥失所於一物是故君子貴以誠應天下也誠也者至正之謂也易曰中孚中孚正也以其柔正乎內而剛正乎外也況下而順乎陰陽之得其道爾推乎人事則可以教大信彖曰乃化邦也豚魚吉信及豚魚也中孚以利貞乃應乎天地也誠之義不亦至矣哉

周君始事父母則鄉人稱其孝及仕而廉明歷官品凡一簿一尉其人若緇黃儒素皆喜其仁德此非以誠待物焉能其善之之如是耶而君勞於縣吏積十餘年自不以其濡滯而苟薦於知己問之則曰命也士病不爲政豈汲汲於人知此又見其誠之之至也所謂誠之不亦宜乎既始之而又終之是之謂誠也天地以誠終始所以博厚而高明聖人以誠終始所以垂法於萬世雖然君子之誠推所自得之苟其富貴也不以驕佚其老也不以耄紛其酒也不以醉亂斷斷乎始于是終乎是則聖賢之道得所傳也周君

之德將不虧而得其全也其名聞孰可磨滅余與君皆南人也又特友善其相識知深且詳矣故因字所以序而勉之

送潯陽姚駕部叙

駕部姚公將之潯陽亦謂潯州道過藤藤乃余鄉潛子欲因其從者致信吾伯氏李主簿姚公不以其賢自高乃更遺書累紙盛稱潛子善用六經之筆著書發揮其法以正乎二教之學者謂雖古之大禪鉅師未有如潛子之全也其廣且博也此姚公汲引人爲善欲使其至至耳潛子無謂豈果若是耶雖然潛子初著原教

書其心誠爲彼執文習理者也。執文，儒者。習理，釋者。習以俗語以諭其法。此姚公來書云。二者皆蔽道而不自發明，適欲救此耳。其書旣出，雖四方稍傳，而文者徒玩吾文，不文者不辨吾道，亦復不見潛子所趨之至。潛子孤，無有徒與講求，尙皇皇憂其道之未詳於人也。潛子之道，生靈之大本，天下爲善之至也。苟其本不明，其至未審，天下之人欲其所歸也何之？行道之士，安忍而不爲惻然耶？故潛子嘗不避流俗嗤笑，乃以其書而求通於天子宰相賢士大夫者，蓋爲斯也。然縉紳先生之徒，知潛子如是之心者幾人乎？姚公乃謂我所得之法如此也所爲之志又如此引古之高僧鉅師相與較之文如此也是豈不爲之知己乎相知之深乎姚公始以大臣薦自布衣徒步不由常科而直擢入官其文章才業卓卓過人可知今來出潯潯故南方也潛子南人習知其山川風俗頗詳姑爲公言之嶺外自邕管之東潮陽之西桂林之南合浦之北環數千里國家政教所被即其霜露雪霰霑洽已繁瘴癘之氣消伏不發秀民瑞物日出其風土日美香木桂林寶花琦菓（寶花琦果南人舊稱）殊名異品聯芳接茂而四時不絕若梧若藤若容若潯凡此數郡者皆帶江而藏山山尤佳

江尤清。有神仙洞府。有佛氏樓觀。村郭相望。而人煙縹緲。朝暾夕陽。當天地澄霽。則其氣象清淑。如張畫圖然。其俗質。其人淳。寡諍訟而浸知嚮方。吾知姚公治此民也。則其仁義之化易行。臨此景也。則其清明之志益得。姚公心通。又能以大道自勝。潛子輔教之說。亦賴之而益傳也。待公趨詔北還。當與數得此道者。其人之幾何耶。道途上下舟車之勞。公宜自適自慎。

送郭公甫朝奏詩叙

郭子。喜潛子之道。欲資之以正其修辭立誠。潛子可當耶郭子縉紳先生之徒乃獨能揭然跂乎高世之風可重可媿吾說不足以相資也然郭子俊爽天才逸發少年則能作歌聲累千百言其氣不衰而體平淡韻致高古格力優贍多多愈功含萬象於筆端動乎則辭句驚出而無窮與坐客聽其自誦雖千言必記語韻清暢若出金石使人驚動而好之雖梅聖俞章表民以為李太伯復生以詩張之四海九州學輩未識郭子者何限朝廷公卿孰嘗覩郭子如此之盛耶夫黿龍鱗鳳其亦偉奇之物也使其汨於泥塗委於荆枳則君子之所惜吾恐郭子盡是紆餘誕謾遂

與世浮沉因別故賦詩以祝之。
曰石鑿鑿蘊爾美璞君子道晦君子斯樂幽蘭猗猗
振爾芳姿淑人不顯淑人不虧唯是方寸爲爾之本
違之物搖窮之物亂靜之收之默默悶悶熟水泚泚
兮可漱可滌熟山亭亭或作寥寥兮可休可適胡歎屏居。
胡羨首廸。

送王仲寗祕丞歌叙

去年詔祕省王侯往宰扶風縣王侯以父喪在淺土
請侯封樹而後趨官朝廷佳其有子道從之復告曰
禮畢當聽命於闕下于時錢唐士人慕王侯官有能

名相與議曰扶風秦地也方爲戎狄驚動豈宜往之天子不如以王侯來惠我邦識者非之曰此常人之情非知賢之謂也夫王侯賢而有器識讀書探文武之道發慷慨立大節方當國家舉大刑將誅去凶醜以條理太平之治是必奮然以效其才能詎肯碌碌從衆人苟避艱難幸宴安於靜地或曰朝廷以王侯久屈於冗局且發其賢將受之顯官乎辛巳歲隆暑中果自新定來將趨京道出錢唐潛子因歌議者之意以爲別歌曰

賢豪之志兮脫略不羈高厲遠邁兮俗豈易知倜儻

大節兮臨事不移安實敗名兮君子恥爲天闕蒼蒼兮宮殿參差王侯蘊志兮將發胷中之奇秦海浩蕩兮隴樹依依王侯之往兮決去莫辭惠彼一邑兮起民之疲亦將德彼兮淸秦之陲妖氛當廓兮景運增熙功名相將兮千載葳蕤

送周感之入京詩敘

感之以父喪罷官即錢唐僦屋而居三年雖無擔石之儲泊如也未嘗踵權豪之門以聲其窮接交游以誠不以其才故與其交故士大夫而下逮閭巷之人識與不識皆賢其爲人然此未足爲知感之者也夫

行已自信其道不妄與人辯者至於窮達不踰其節義此亦君子之常道耳蓋流俗輕悍不能守之宜其歸美於感之耶如感之仁義出於其天性讀書爲學識度明遠論古今禮樂刑政指其當否無有不是者使其得志行于一州一邑以至天下國家必能政教惠百姓令人無怨望豈止自信而固窮爲賢耶蒙與感之相知爲最深嘗慨無力以張之今春服闋復調官京師蒙亦將返廬阜惜其爲別且遠因作詩以散眷戀之思云

與君游兮我心日休與君別兮我心日憂君之去兮

春水湯湯青霄九重兮雲闕蒼茫氣望豪華兮接翼翺翔懷德孤進兮人誰與揚米貴如玉兮新若桂枝京國九留兮曷爲所資江南五月兮瑤草離離早歸來兮慰此相思

送周公濟詩叙

潛子昔在潯陽公濟卅年方師吾友周叔智務學而沈詳言不妄發與諸生絕不類潛子常謂叔智曰潯陽江山氣象清淑宜鍾於其人在此諸生周氏之子疑其得之矣余觀其學有所成及潛子去潯陽十有餘年果聞公濟以進士陞第其後又聞以賢監司李

公之舉得宰建德不一載而道路傳爲賢令去秋以事來杭乃權錢唐遂得往還山中見其治民少以吏術而多用仁義視事敬而勤行已端而廉與人交久而益敬未逾月而杭人翕然稱之潛子竊喜幸吾前言之驗矣然稱之叔智有道之士也平生最好以仁義進人而激勵其風俗悵其早亡不見公濟今所樹立雖然公濟天資自得豈謂不肖假其賢師善導之所助耶會潛子始以傳道爲志所蘊未伸公濟不平力爲吾振之其誠且勤雖古之慷慨之士不過是也將別蒙意甚感之乃爲詩以贈其行詩曰

秀氣鬱兮在若人之躬。吾昔覩之兮卓異羣不同。驗治迹兮今也炳融。慨爾師兮不覯乎君子之風。方別離兮江涘。趨雙闕兮千里。帝座煌煌兮君門嚴深。勉自進兮勿使陸沉。

送周感之秘書南還叙

杭去交廣陸出江南。驛堠五六千里。轉大海。得飄風。舟日行千里。否則留他島。動彌年月。故南人來吳。常以此爲艱。今客錢唐已見二春矣。視南之來者幾希。庚辰之三月。有客以周尉告余曰。尉臨封人也。子盍見之乎。余一旦詣其門。會其出歸。悒悒頗不自得。越數日尉果騎從求余所居而來入室與語鄉曲事歷歷燭耳目發平生如故舊言亹亹而不能休襟抱軒豁見其爲人有大體及暮引去余乃異之謂識者曰尉以文詞奮誓言非由進士得官不爲也嘗四舉屈於有司而不變其心及得之未始以所官遠於家而讓君命由京師如故鄉迎其親而來錢唐道且萬里不以祿薄未甚有力爲勞處官過廉雖水必欲買夫士患無節也不患不立苟朝臨事而夕失其所守喔咿葳葹苟容不暇當所利則爭不利則辭去鄉邑未百里則終日慊然作兒女態又何望盛名能迹赫赫

然照天下後世若尉者也持其節行始終一如不亦眞慷慨大丈夫哉吾聞古老傳言南方全陽有得其氣正者必剛健中正而聰明余於尉皆南人也獨惟怯暗鈍無一善以自發藥其性又不能矯然高謝與物磅礴乎一世視尉能不愧其所生耶因以發故鄉之情豈莊周所謂去人滋遠而思人滋深乎

送林野夫秀才歸潮陽叙

世稱潮陽多君子而林氏最盛余初謁野夫先父田曹於杭觀其寛明淳粹力行古道爲政不齷齪飾吏事乃信稱者之不妄美也及會范陽盧元伯與野夫

仲父曰巽先生者。生而知學。六經。探百氏。悉能極深研幾聖人之道。卓然自得。以謂易者備三極之道。聖人之藴也。獨病楊雄氏。雖欲明之。而玄也未至。因著草範。將以大明易道之終始也。又謂興王者禮樂爲大。復著禮樂書。以示帝王治政之始本。爲儒不汲汲於富貴。而高節遠邁。追古聖賢之風教。余又益信林氏之盛也。有在矣。是時田曹秩滿。將趨闕下。而元伯南還。余亦東適會稽。越是二年。余復來杭。且聞田曹寢疾于京師。且至于漸。越三年。野夫果扶行櫬歸葬故地。乘舟吳江而來。他日余往弔之焉。野夫伯仲。皆悲戚癯瘠殆不勝其哀及戒行事且謂余曰子盍歌以贈我歸余因思林氏於潮陽爲最盛歌何以盡其美不若詞而布之吾聞天生賢者故以代天工使輔相天地之道是賢者宜壽且顯於位可也則顏淵夭伯牛疾孟軻轗軻荀況楊雄落莫於時賈誼董仲舒數輩相望而不幸不知運物者反何意耶如南安田曹之仁其弟之智識明德不二十未旣大施而卒皆早世雖明哲之士聞之孰不爲之惑哉或者謂林氏之壽不在其躬而在其子孫乎聞野夫刃取股肉以療其父欲其病愈終不如志君子謂之純孝也野夫

苟能率其伯仲。履田曹之仁孝。同志巽先生之學。則林之壽。其將有在。篤實光輝。益大乎後。元伯亦有道者也。於野夫爲姻婭。苟與之營勵名節。則林氏之盛美。豈止煥於潮陽與今日。將輝耀乎天下後世也矣。

送梵才吉師還天台歌叙

夫爲佛者。修出世之道。因以淸淨自守。與俗不接。非以其敎道推於世。勸於人。豈宜逐逐與於世間游乎。梵才大師。少以詩鳴於京師。晩歸天台。益勤吾道。一朝思以佛事。以勸縉紳先生之徒。前年來浙西淮甸間。所遇卿大夫。有名聲於人者。皆樂從其事。不翅百數此非精誠篤志推尊於聖人眞敎道妙何能得仁賢君子如是之多耶嗟乎吾人有出入乎權豪之門趨進乎勢利之塗德不能發人之信疑然而莫告毁焉而不辨喔唯突譎相與以佛爲戲幸其顏色假其事勢以苟利乎一身趨死不顧敎道者彼聞師之風宜何爲心哉吾偉乎吉師之所爲故歌以贈其歸歌曰

若人之來兮賢俊將迎若人之歸兮勝事告成春色佳兮春風輕颺雲袖兮趨遙征台山夌虛兮氣象淑清宜眞賞適兮休顧浮名彼循利忘道兮流俗時情

既亡吾徒兮何足與評。

送眞法師歸廬山叙

余去潯陽五年而法師眞公自廬山來會于錢唐聞其始至且喜且驚師曾不顧宰相所得沸衣去濠入山中誓終其身不踐俗境此胡爲而來哉及相與語始知其謀爲佛塔非以常事而移其志也余在潯陽常與周叔智評人物以師潔淸能以其道訓學者叔智頗以重語相推故與吾洎郭叔寶裴長言數造其門送爲歌詩以揚其美師亦忻然相德今出數千里復與之會迨將半載接其言益文其道益親契義篤

厚百倍於初也。秋之八月。而眞師以所謀事集。命拏舟欲行。杭人敬慕。稽首告留者甚勤。終亦引去不顧。余游四方。獨去潯陽。戀戀若懷父母之國。而不能忘。蓋以其有仁賢君子。篤實誠信於交游。用道德而相浸潤。又以匡廬奠其左。蘄峷高拔。其氣象窅然深幽。使人翫之。有高天下之志。今眞師復歸焉。余牽於事。不得偕往。惟浩然之思。益紛於胸中。因師爲我謝潯陽君子。窮達榮悴。勞吾之形。謀慮得喪。萬端勞吾之心。人生適如一夢焉。何長與物磅礴乎世。此宜深探佛道。澄汰其神明。眞師其引道者。宜命之游可也。

鐔津文集卷第十一

鐔津文集卷第十二

藤州鐔津東山沙門契嵩撰

志記銘題

武林山志

其山彌杭西北。其道南北。旁湖而入。南出西關。轉赤山。逾麥嶺燕脂。北出錢唐門。躋秦王纜船石。過秦望蜻蜓二山。垂至飀峴嶺趾。左趨入袁公松門。抵行春橋。橋西通南之支路。過行春橋。垂二里。南北道會。稍有居民。逆旅行人可休。益西趨二里。入二寺門。偪合澗橋。過合澗龍迹二橋。自丹崖紫微亭。緣石門澗。趨冷泉亭。至于靈隱寺。流水清泚。崖石環怪如刻削。乍覩爽然也。自合澗橋南趨。更曲水亭。並新移澗。距天竺寺門。西顧山嶂。重沓相映。若無有窮。靈隱晉始寺之禪叢也。天竺隋寺之講聚也。其山起歙出睦。湊於杭。西南跨富春。西北控餘杭。蜿蜒曼衍。聯數百里。到武林。遂播豁如引左右臂。南垂於燕脂嶺。北垂於駞峴嶺。其山峯之北起者曰高峯。冠飛塔而擁靈隱岑然也。高峯之東者曰屏風嶺。又東者曰西峯。在郡之西又東者曰駞峴嶺。俗謂駞宛乃語訛也其高峯之西者曰烏峯。又西者曰石笋。又西者曰楊梅石門。又西者曰西源。亦謂西庵支出于西源之右者曰石人其峯南起望之而藹然者曰白猿左出於白猿之前曰香爐峯前而垂澗者曰興正右出于白猿之前而雲木森然者曰月桂白猿之東曰燕脂嶺白猿之西者曰師子又西者曰五峯又西曰白雲又西者曰印西南印西向前走迤邐於武林之中者曰無礙又前者曰善住並善住而特起者曰稽留（俗謂雞籠乃語訛也）其稽留之西者曰蓮華有岩號玉女其蓮華之東者曰飛來峯乃西域異僧惠理所謂此吾國靈鷲小嶺之飛來者也昔多靈仙隱焉乃呼白猿而驗之南屏天竺而北嶂靈隱其巔有

天然石梁西跨其中有岩焉洞焉洞曰龍泓曰香林岩曰理公龍泓前者北瞰後者東出謂其潛徹異境絶浙江下過武林然南北相望而起者孱顔大有百峯多無名其名之者雅二十有四與城闉相去十有二里周亦如之秦漢始號虎林以其棲白虎也晉曰靈隱用飛來故事也唐曰武林避諱也或曰靑林巖仙居洞亦武林之別號耳然其峬鬱巧秀氣象淸淑而他山不及若其雄拔高極殆與衡廬羅浮異矣其山八九月每夜霽月皎則天雨桂實其壯如梧桐子其水南流者謂之南澗北流者謂之北澗自合澗橋

至于白雲峯之趾凡八逾橋其七石也其一木也北澗自龍迹橋至于西源峯之趾凡七逾橋其四石也其三土木也南澗源白雲峯之麓東注會他支澗逾第八橋之西復東注會奚家澗入新移澗出鬧口曲流北之合澗橋北澗源西源山之腹東注過騰雲塢口稍偪楓樹塢口湍于第五橋下浸飛來峯趾滙于西塢漾渟于洗耳潭瀦于渦渚東嶼亦謂之暖泉也瀲灧于冷泉亭下經呼猿石門澗濆激于伏龍泓過龍迹橋下東注與合澗又東注越二里過行春橋下出靈隱浦入錢唐湖古所謂錢源泉出武林山此其是也南

北之澗雖多多無名然皆會二澗其竝南澗而入者曰南塢（南人謂谷爲塢谷音浴也）竝北澗而入者曰北塢而北益有支塢者六曰靈隱曰巢陽曰白沙曰大同曰騰雲曰西源是六塢者皆有佛氏精舍曰靈隱曰碧泉曰法安曰資巖曰辯利曰無著曰無量壽曰定慧曰永安曰彌陀曰吉祥曰西庵其精舍凡十有三（缺一名）其十者在支塢其三者廢其三者宅正塢南亦有支塢（或無南字）皆有精舍曰天竺曰興聖曰崇壽講聚也曰慶寧曰永清曰金佛曰德澄曰福光曰天竺禪叢也古觀音氏垂象與人乞靈曰永寧其精舍凡十其五在

支塢其五廢其五宅正塢諸塢皆有居民錯雜其毀處幾成村墅然無坂壟不牧牛犢羊豕水陸不甚汙其人不事弋釣虞獵以蘸葅自業然同其在古潔靜清勝之風未嘗混也其俗在南塢者窮於白雲峯之巔在北塢者至于西源則坡地西趨西溪南通南蕩其泉之南出者曰月桂曰伏犀曰丹井曰永清曰偃松曰聰明曰倚錫凡泉之源七其一月桂在天竺寺其一伏犀在西來峯之巔流液不常其五皆在支塢其泉之北出者曰冷泉曰韜光曰白沙曰石笋曰白公茶井曰無著偃松曰永安北源曰彌陀西源曰騰

雲上源西庵也。凡泉之源九。其一冷泉在澗壖。其八在支塢。南塢其古人之遺迹。若吳葛縣（正字避廟諱）之葛塢者。若晉葛洪之丹井者。若宋謝靈運之翻經臺者。若隋眞觀所標之佛骨塔者。若唐道標杜多之草堂者。其北塢若漢陸棣之九師堂者。若晉葛洪之伏龍石門者。若晉許邁之思眞堂者。若晉惠理之燕寂岩者。若晉杜師明之謝客亭者。若宋智一之飯猿臺者。若呼猿澗者。若梁簡文所記之石像者。若梁朱世卿之朱墅者。若唐白居易之烹茶井者。若唐袁仁敬之袁君亭者。二塢總十有六事。徒古今相傳。雖名存而其事頗亡。不可按而備書。其山無怪禽譎獸。唯巢枸之樹最爲古木。松筠藥物果蓏。與他山類。唯美蕣與靈山之所生枇杷桂花。發奇香異耳。

游南屏山記

由山之麓而上百步許。則東趨抵于霽雲亭。西趨則傴僂過小石門。抵于積翠亭。由霽雲亭益東。至于幽居洞。洞之東則深林茂草也。由積翠亭益西。則入于叢竹之間。陰陰森森。殆不可勝數。有石座環布中可函丈。由積翠亭西。曲折而上。抵于發幽亭。視錢唐城郭若見諸掌。差發幽亭而東。至于白雲亭。由白雲亭之東廠徑枝分。所往皆入乎茂林修竹。不知其極矣。由發幽亭。又曲折而上。援蘿蔓。陵層崖。履危磴。至于山之巔。一顧四達。廓如也。吳江越岫。儼然在乎眸子。其山控鳳凰城之西偏。南走湖上。高眎靈鷲。而俯揖胥山。大約從麓至頂。岩石皆奇。殊形詭狀。世所無有。如人物禽獸。飛走騰踴。往往至乎雲氣欻作。交相掩映。冥若神鬼效靈。千變萬化。眩人心目。或聞是山者。初棄於莽蒼。雖樵蘇豎子。莫之肯顧。培塿丘垤。尚恐不得與之爲比。一日爲好事者所知。闢而發之。杭人之來視。莫不驚怪。以爲天墜地湧。皆恨所以得之太晚。游觀者於是推高是山。雖瀕湖千巖萬壑。莫出其右者。至於名聞京邑。而賢士大夫。皆樂爲是游。故有來江東者。不到南屛山以謂不可。余因思天下四方有道之士。晦昧于世。與俗輩浮沉。如南屛之始者。抑亦多矣。彼有道者。必抱奇材異德。卓卓絶類。使會知已者引而振之。資其輔相聖人之道。而行儀人倫。不亦偉乎可觀。與夫山石游物。又不可同日而語哉。余嗜山水之甚者也。始見南屛山。且喜以謂一游無以饜吾之心。不若栖其陰藪。常游其間。故今年樂來息肩于此。日必策杖獨往。至其幽處也。思慮冲然。天下之志通。至其曠處也。思慮超然。天下之事見。至其極深且靜處也。或無極深且三字冲寞涔寂。神與道合。乘浩氣。沐清風。陶然嗒然。若在乎萬物之初。是故誌之以示其將來有慕我而為游者也。

解獨秀石名 名或作志

某記名獨秀石。章表民以其名為未當。且以詩評之。更曰獨怪石。表民能文。其取義必遠。然吾獨秀之義亦未始與人語。因得論之。世俗所謂怪石者。必以其詭異形狀類乎禽獸人物者也。為之焉。如是則屏山之石。盈巖溢壑。無不如禽獸人物者也。何獨一石謂之怪耶。夫獨秀石。有拔數仞。嶷然特立於山之東南隅。端莊不與衆石同趨附。頗似正人端士抱道自處。不以事勢爲朋黨。大凡物稟秀氣而生成者。其所樹立必嶄然超出其羣。吾所謂獨秀石者。意其鍾得秀氣能自植立。不與其類相爲附麗。要詩人歌以張之。蓋欲有所警耳。苟以怪石名之。彼衆人者自能命之。何待不腆而名之耶。無已。吾請從於獨秀石。

無爲軍崇壽禪院轉輪大藏記

崇壽精舍轉輪藏成。乃因天竺月師遺書。故爲書之。按其書曰。崇壽院籍屬無爲軍。爲城中之塽塏也。昔沙門義懷。於此說法聚徒。懷之徒既衆且盛。而經教缺然。患其無所睇覽。而清河張拱。感是據相。率其邑人。出財鳩工。謀寫先佛三藏之說。而懷師以他命既去。復命今沙門淨因往繼之。而張拱益與其院僧曰慈願等。戮力必成其事。既而因師復使僧處人等。募匠氏爲轉輪藏。以置其經。然藏有殿。環殿以衆屋。總若干楹。內置佛像法器。金碧照耀。皆儼然可觀。其用錢凡七百萬。夫轉輪藏者。非佛之制度。乃行乎梁之異人傅翁大士者。實取乎轉法輪之義耳。其意欲人皆預於法也。法也者。生靈之大本。諸佛之妙道者也。

諸佛以是而大明。羣生以是而大昧。聖賢乃推已之明。而正人之昧。故三藏之取諭者。諭於此也。五乘之所歸者。歸於此也。然其理幽微。其義廣博。殆非衆人槩然而輒得。故益其藏而輪之。姑使乎扶輪而轉藏者。欲其槩衆普得。或闕此四字漸染佛法。而預其勝緣。則於道其庶幾乎。是亦至人攝化羣生之一端耳。其意遠且大矣。今因師從而效之。其所存不亦至乎。可書也。至和三年季夏十日記。

漳州崇福禪院千佛閣記

太常崔禮部發使自通走杭。遺書某曰。崇福閣成。慕仲靈志之。某初不敢爲。徐思崔公名大夫也。嘗爲我以輔教編。布之京闕。於我有高義。今益以他勝事囑我。是豈宜違之耶。遂引其事而書之。崇福在漳南爲大精舍。徒眾常五百人聚居。申申然尊大比丘顯微。爲長老。微師統此方五年。其屋廬大小。治之以完。初其居之東有隙地。微師意其形勝。可置之佛閣。乃引其州人王文遲謀始。居無何。客有來謂曰。今山中水大漲。盡浮其久積之材。出乎江涘。是足成爾也。微師以其感會。遂大出其寺錢百餘萬。王文遲益施二十五萬助之。其州之僧者俗者。不啻三十人。因各相助。

勸其閭里之樂善者出財合刻賢劫千佛與五百應眞之像并彩繪五百應眞者始至和甲午仲冬役土木工迺迺日不稍輟明年方秋而其閣成巋然九間陵空跨虛飛橋危亭騫湧旁出其所造之像繪事既竟卽迎而內之釋迦彌勒藥師則位乎其中千如來則列于前後左右也閣之下亦以釋迦文殊普賢衆聖之像而位乎其中五百應眞與十六大聲聞則列其四向嘉祐初而龍巖人曰楊飾者益於其閣之南爲大阿羅漢浴室廊廡環之備法事也然其規模壯麗閩人偉之謂是閣者乃吾閩樓觀之冠也若賢劫

千如來者蓋在此劫與吾釋迦文佛相先後而見乎人間世也與夫天地羣靈萬有而爲博大勝緣者也然聖人垂像與於天下後世固欲其人天者觀像以性乎無像其次欲其睹像以發其善心其次欲其瞻像以預其勝緣性乎無像近至也發乎善心嚮道也預乎勝緣漸上善也是三者雖於其功小差及其當世後代成德則一也崔公書曰微師高行人能與人爲勝事人皆樂從之蒙奇其作佛閣意適合乎聖人垂像之謂則崔氏之所稱驗矣南方之人宜知其心無謂微師徒事土木而誇邁世俗耳彼方袍之後來

者有所營爲亦宜視法於微也嘉祐四年己亥孟秋之晦日靈隱之永安山舍記

沕潭雙閣銘 并叙

大長老曉月字公晦領禪者於沕潭十有五年矣其道旣傳益欲治其精廬其徒居晉遂以師之意勸其鄉人袁金起閣於寺庭之左寺亦出財助之復勸乎呂氏之良婦曰胡氏鄒氏施錢十萬起閣於庭之右右者寘慈氏之像左者桓皂氏之鐘又甃密石爲涌道與周禮湧道異義也於其閣之前者十餘丈費緡錢凡五十餘萬嘉祐庚子之仲春畢其繪事落成居晉乃因其

師遺書。求蒙文而志之。然吾與公晦雅素相德最厚善。而公晦爲閣之心。吾知之矣。公晦之意在道不在閣。閣乃寓其意耳。夫入道莫先乎見聞。今其閣之以像者。正人之所見也。閣之以鐘者。發人之所聞也。欲其即見而明妙。即聞而頓覺。乃不在語言。不資文字。而挺然獨得。與吾教外所傳之宗合。公晦之心固如此也。不爾。吾公晦豈肯徒事其土木也。泐潭山水淸勝。乃昔大禪德道一馬祖遺迹之地。一公道在佛氏之教爲大至。公晦居是有所爲。又能益推道於人。其於一公始有所振也。而與夫施者爲福爲勝利。詎可量乎。美哉。公晦文閑治世聖人之書。其識精通。於今之禪者。尤爲賢豪。故以其閣復爲之銘曰。

惟閣鏗鐘。惟閣儼像。像正爾見。鐘發爾聽。惟視惟聽乃正爾性。勿謂道遠。在爾一瞬。勿謂聖遠。在爾斯振。惟閣惟樹。吾有所寓。惟鐘惟像。廼爾神奬。沓爾學者。宜知爾師。愼爾視聽。勿謂徒爲。

淸軒銘 并叙

高識上人。闢其精舍之南廡。盡得夫山川美景。而濯濯可視。武功蘇子美。始名之曰淸軒。其後賢士大夫。多游賞而賦詠之。上人乃以其意。因命潛子銘之。旣不得讓乃謂上人曰天地萬物莫不有清濁其氣象皆能感人而爲正爲亂夫天地之清其感人也肅聖賢之清其感人也莊時世之清其感人也修山川之清其感人也爽天地與時世之清化工吾不得而擬議若夫聖賢山川之清者是可推之以益於世也適上人敞是軒也會其山之靜水之清以待來者而賞之者其心開神爽思慮不復淫滯是亦益於人多矣或有開爽其心神而思返乎泰清至靜或云逍遙乎至靜則其爲軒之意愈得也潛子因而銘之曰

天地萬象有濁有清惟清感人人斯正也惟濁感人

人斯亂也。惟淸惟正。乃懋爾德。惟濁惟亂。乃滋爾慝。鑒哉君子。擇時所適。戒哉君子。愼時所覿。爾軒惟明。爾景惟淸。有山崇崇。可以攄情。有水泚泚。可以濯纓。旣潔乃志。旣淸乃神、惟淸惟潔。乃爲至適。勿陋於軒。茲爲嘉賞。勿謂外物。茲爲神奬。惟淸惟軒。惟道所假。克勤乃意。彼上人也。元集中不著名。可疑也。今謂高識者。乃寓意耳。

南軒銘 并叙

南軒在南屏山之直北。其山相去也不數百步。倚軒而視。草樹雲物。秋毫不隱。雨霽。山光淸發。碧照枕簟。夏之時。景風飄飄。不招自來。冬之時。正抱太陽。倢爍倿或從夌寒慘。客有紆餘閑散。無所用於世。得終日俯仰於其間。往往襟袍軒豁。神氣浩然。若外天地而獨立。夫古之達觀者。孰不貴得所適。事苟可以正思慮。使吉凶悔吝。不害於道。雖茅茨土階。不爲陋也。陶淵明云。嘯傲東軒下。聊復過此生。豈非得所適耶。南軒予客舍之後楹也。威師不以不肖。館之于此。會事欲引去。念南軒資之全愚。倡得所適。雖主人以事役之。猶且趨命。況辱其以德義接之。又豈可與南軒輕離。銘曰。

顧南軒伊何。偃仰躊躇。我發彼美。彼適我愚。我與南軒相須。

舊研銘 并叙

余在故鄉時。亡友道士馬知章。出端溪硯爲贈。及遊四方。硯且俱行。于今十有四年矣。知章不幸早死。嗚呼。知章爲人有信義。好學問。耿潔務持高節。未果其志。而天奪之壽。視硯往往想見其人。故持之而未嘗棄置。是歲康定紀元之季冬也。爲之銘曰。

若人云亡。道交已矣。金石而心。視此寶此。

題錢唐西湖詮上人荷香亭壁

西湖氣象。不並他處。朝暉夕靄。顯澹淸瑩。無時不好。

山嶂樓閣。金翠交眯。荷花戰風。芳香四散。薰然乍賬。恍若異境。然人心清濁。感物乃爾。而爲道者。安得不擇其所居。詮上人諷經詠詩。習草聖書。做荷香亭。資湖景而助清心。慕道之興。可見矣。熙寧己酉。季冬二十五。潛子題。

文中子碑

原天下之善者。存乎聖人之道。致天下之理者。存乎聖人之才。有其才而不有其道。教不及化也。有其道而不有其才。化不及教也。堯舜得聖人之道者也。禹湯文武周公。得聖人之才者也。兼斯二者。得於聖人。

孔子仲尼者也。故曰。夫子賢於堯舜遠矣。仲尼歿百餘年。而有孟軻氏作。雖不及仲尼。而啓乎仲尼者也。孟軻歿。而有荀卿子作。荀卿歿。而楊子雲繼之。荀與楊贊乎仲尼者也。教專而道不一。孟氏爲次焉。去仲尼千餘年。而生於陳隋之間。號文中子者。初以十二策探時主志。視不可與爲。乃卷而懷之。歸于汾北。大振其教。雷一動。而四海尋其聲。來者三千之徒。肖乎仲尼者也。時天下失道。諸侯卿大夫不能修之。獨文中子動率以禮。務正人拯物。嘗曰天下有道。聖人藏焉。天下無道。聖人章焉。返一無迹。庸非藏乎。因二以濟能無章乎昔二帝三王之政正而未記諸侯五伯之政失而未辨仲尼文之爲六經備教化於後世也後兩漢有天下雜用五覇治至其政之正者幾希矣魏三國抵南北朝紛紛乎而人道失極（或作拯字）往者不可追來者猶可規先王之道膴膴將明夷於地文中子憂後世無法且曰千載已下有治仲尼之業者吾不得而讓矣因採漢魏與六代之政文之爲續經廣教化於後世也非有聖人之道聖人之才而孰能與於此乎文中之於仲尼猶日而月之也唐興得其弟子輩發文中之經以治天下天下遂至乎正禮樂制

度。炳然四百年。比隆於三代。噫仲尼之往也。幾百年。其教禍於秦。弟子之行其教而仕者。不過爲列國陪臣。文中子之弟子。爲天子相。將其教也。播及于今。何其盛哉。高示遠邁之如此也。天其以仲尼之德假乎文中子耶。吾不得而知之。讀王氏世家。愛文中之所得大矣哉。故碑云。六經後兮治道不精。大倫罷兮權譎興。行文中作兮頹波澄清。六經續兮天下化成。孔子如日兮文中兩明。彌萬世兮莫之與京。

杭州武林天竺寺故大法師慈雲式公行業曲記（石刻本見天竺山）

法師諱遵式字知白本姓葉氏臨海郡寧海人也初其母王媼乞靈於古觀音氏求男一夕夢其舍灑然有美女子以明珠授使嚥之及生法師方七月已能從母稱乎觀音稍長不樂與其兄爲賈遂潛往東掖師義全出家先一夕義全夢有童子處其寺佛像之左者翌日法師至其夢適驗十八落髮二十納戒於禪林寺明年習律於律師守初當時台之郡校方盛諸生以法師俊爽屢以詩要之業儒法師卽賦而答之其詩畧曰眞空是選場大覺爲官位已而入國清普賢像前燼其指誓習乎天台教法徐鼓篋趨寶雲

義通大師講席道中夢一老僧自謂吾文殊和尚也及見通乃其所夢之僧也即服膺北面受學未幾凡天台宗之所傳者其微言奧旨而法師皆得智解嶄然出其流輩會其祖師智者入滅之日遂自燃頂終日誓力行其四禪三昧因說偈以效其誠凡其詩偈並見於文集此皆畧不書通師既逝而法師即還天台以苦學嘗感疾嘔血自謂必死毅然入靈墟佛室用消伏咒法而詛曰若四教興行在我則其病有療不爾願畢命于此方三七之夕忽聞空中呼曰遵式不久將死法師益不懈至五七之日遽見死屍盈室法師不惑踐之以

行道其屍即隱七七之日懺訖復聞空中聲謂曰十方諸佛增汝福壽其夕殊寐恍惚見一鉅人持金剛杵擬其口驚且覺而其病遂愈俊辯益發聲貌形神美於平日法師大感益欲從事於此遂著書曰觀音禮文方題筆遽有奇僧遺之書名自意趣與已著本署同淳化初法師年方二十有八衆命續居其師之寶雲講席講四大經積年（法華維摩涅槃金光明經）一旦有施氏胎驢馳來伏其座下若有聽意其後以時而至者凡四十日產而廼已驢果有人之意不亦異乎至道丙申之歲法師結乎黑白之衆信者按經習夫淨土之

業著書曰誓生西方記復擬普賢益爲念佛三昧師處寶雲更十有二載未嘗持謁與俗人往還自幸得觀音幽贊命匠氏以栴檀爲大悲之像刻已像而戴之益撰十四大願之文其後工有悞折像所執之楊枝者法師敬且恐即自以接之不資膠膠而脗合如故咸平三載四明郡大旱郡人資以其雨法師用請觀音三昧冥約若三日不雨當自焚也期果雨其郡蘇太守以爲異乃即碑其事咸平五年法師復歸于台欲東入屏居而徒屬愈繁乃即其西陽益宏精舍據經造無量壽佛大像相率修念佛三昧著淨土行

法之說其邑先有淫祠者皆爲考古法正之濫饗者徹去其所謂白鶴廟者民尤神之競以牲作祀法師則諭其人使變血食爲之齋及其與衆舟往白鶴而風濤暴作衆意謂神所爲法師即向其廟說佛戒殺之緣而其浪即平尋命其神受佛之戒此後以牲祀者遂絕即著野廟誌乃與神約而民至于今依之也祥符四年會章郇公適以郎官領郡丁僧夏制乃命僧正延法師入其郡之景德精舍講大止觀其夏坐畢有三沙門被衲無因而至請與盂蘭盆講席方揖坐而忽不見法師嘗以勝事他適道出黃巖有一家

犇來繞師所乘已而伏前意若有所求衆嗟咨不測其然徐推之乃豕避屠而來也遂償其直敎屠者釋之命豢其妙喜寺名之曰遇善夫豕之果饗德耶人其何哉台有赤山寺高爽而瀕海法師嘗謂人曰此宜建塔其衆鄉人樂聞皆曰是山之巔每有異光照耀海上其光之間益見七層浮圖之影然其所照之至處四十里皆捕魚者簄梁周之法師知其發光欲有所警益勵衆必塔之及其事址發土果得石函之效塔成亦以七級應其先兆而斯民不復漁也法師方百日修懺于東掖山也會其時大旱水不給用乃

出舍相之俄以其錫杖卓之石泉從而發激今東掖所謂石眼泉是也初杭之人欲命法師西渡講法雖使者往還歷七歲而未嘗相從及昭慶齊一者率衆更請乃來至是已十有二歲矣先此法師嘗夢在母之胎十二年校其出台而入杭適其夢之效也至杭始止乎昭慶寺講說大揚義學者嚮慕沛然如水趨澤杭之風俗習以酒餚會葬法師特以勝緣諭之其俗皆化率變葷爲齋因著文曰誡酒肉慈慧法門以正其事其人至今尚之明年蘇人以其州符迓法師就開元精藍晝夜專講法會盛集黑白之聽者謂曰

萬夕千。其人不飲酒噉肉者。殆傾郭邑。酒官屠肆。頗不得其售也。遂謂其徒曰。吾祖智者遺晉王之書六恨。其一適以法集動衆妨官。爲之患。余今德薄。安可久當此會。去之。乃翻然復杭。方祥符乙卯之歲也。刺史薛公顏。卽以靈山精廬命居。法師昔樂其勝槩。已有棲遁之意。及是適其素願也。其地乃隋高僧眞觀所營之天竺寺也。歷唐。而道標承之。然隋唐來逾四百載。而觀公遺迹湮沒。殆不可睹。法師按舊誌。探於莽蒼之間。果得其兆。卽賦詩作碑紀之。此始謀復乎天竺也。初其寺之西。有隋世所植之檜。枯枿僅存。至此而復榮。蓋其寺再造之證也。因名之曰重榮檜。益以其香林洞口之石上梅。其山之本腹内竹。石面竹者。與檜。爲天竺四瑞。作四詩紀其勝異。居無幾。而來學益盛。乃卽其寺之東。建日觀庵。撰天竺高僧傳。補智者三昧行法之說。以正學者。祥符之九年。天台僧正慧思至都。以其名奏之。遂賜紫服。尋復請講於壽昌寺。罷講過舊東掖。謂其徒曰。靈山乃吾卜終焉之所也。治行吾當返彼。尋援筆題壁爲長謠。以別東掖還天竺。凡夏禁則勵其徒。共行金光明懺法。歲以七晝夜爲程。宫保馬公旣老。益更奉佛。尤慕法師之言。

遂爲著淨土決疑論馬公鏤板傳之逮王文穆公罷相撫杭聞其高風因李明州要見于府舍既見王公奇之不數日率其僚屬訪法師於山中即命之講乃說法華三法妙義其才辯清發衣冠屬目王公曰此未始聞也即引天台教之本末欲其揄揚王公唯然尋奏復其寺得賜天竺之名王公書其榜尊君命也王公始以西湖奏爲放生之池者亦法師以智者護生之意諷而動耳其王公出尹應天方微疾夢與相見而其疾即瘳乃遺之書盛道其事以謂相遇平生有勝緣移江寧更迓於府舍問法留且三月王公始

欲爲僧伽像疑而未果法師乃爲其推觀音應化徧知無方者示之先此法師嘗夢與王公在佛塔中有老僧者擘金鈴而分之二人益說此以驗適論王公曰實金陵之謂也既造像卒持與法師因撰泗州大聖禮文以尊其事王公益與其秦國夫人施錢六百餘萬爲其寺之大殿者法師以復寺乃自　皇家與王公也特有所感遂重集天台四時禮佛之文勉其徒行之欲以報德會乾元節王公以其道上聞遂錫號慈雲自是相與爲方外之遊益親形於詩書者多矣若其所著圓頓十法界觀心圖注南岳思師心要

偈之類皆爲王公之所爲也天聖中公終以天台教部奏預大藏天台宗北傳蓋法師文穆公有力焉始章獻太后以法師熏修精志乾興中特遣使齎金帛而兩命於山中爲國修懺遂著護國道場之儀上之請與其本教入藏天聖改元內臣楊懷吉東使又賜之乳香臨別楊以法師善書求其筆迹卽書詩一闋與之楊遂奏之明年又賜銀一百兩飯山中千僧然其時之卿大夫聞其風而樂其勝緣者若錢文僖楊文公章郇公他公卿益多恐斥名不悉書法師閑雅詞筆篇章有詩人之風其文有曰金園集者天竺別

集者曰靈苑集然修潔精苦數自燼其指而存者一二耳逮其持筆書翰精美得鍾王之體靈山秋霽嘗天雨桂子法師乃作桂子種桂之詩尚書胡公見而盛賞之乃與錢文僖公賡之胡公領郡錢唐益施金而爲其寺之三正門者法師領寺既久嘗欲罷去使君李公諮卽會郡人苦留之又二載當天聖九祀之孟春方講淨名經未幾顧謂其徒曰我昔在東掖亦講是經嘗夢荆溪尊者室中授其經卷及出視日已歿矣今者吾殆終於此講也一日果與衆決曰我住台杭二寺垂四十年長用十方意時務私傳今付講

席宜從吾之志。卽命其高第。弟子祖韶曰。汝當紹吾道我持此爐拂。勿爲最後斷佛種人。汝宜勉之。遂作謝三緣詩。謂謝絶徒屬賓友筆硯也命學者刻石示之。秋八月二十有八日。子然入其寺之東嶺草堂自晦也。明年十月之八日示微疾。不復用醫藥。命取嘗和晉人劉遺民晦迹詩。改其結句云。翔空迹自絶。不在靑靑山。使磨崖刻之。翌日之晚。復曰吾報緣必盡。敢忘遺訓乎爾曹耶。益說法以勗其屬。及後日之晚。使請彌陀像以正其終。其徒尚欲有所禱。且以觀音像應命。法師卽炷香瞻像而祝之曰。我觀世音。前際不來。後際不去。十方諸佛。同住實際。願住此實際。受我一炷香。云云。或問其所歸者。猶以寂光淨土對之。至其夕之三鼓。奄然坐終。先此法師自製其櫬。曰遐榻而銘之。學者務奉其師之前志。必臥其靈體于遐榻。更七日。其形貌完潔如平昔。其壽六十有九。臘五十。當其化之夕。山中見大星隕乎鷲峯。爀然有紅光發於其寺之前。度弟子若慮輩垂百人。授講稟法者如文昌諸上人者。僅二十人。登門而學者。其人不啻千數。明年仲春之四日。奉遐榻歸葬于其寺之東月桂峯下。與隋高僧眞觀之塔隣也。蒙識韶公。幾三十年。晚山中與其游益親韶公者年淳重亦名德之法師也嘗以大法師實錄命余筆削始以敝文不敢當及蒙奏書爲法以微效還而韶公以物故方感慨今辯師益以錄見託願成就其師之意辯師端審善繼文明智之賢弟子也會余避言適去山中囑之愈勤顧重違其先師之命姑按韶公實錄而論次之命曰曲記蓋曲細而記其事也然慈雲聰哲志識堅明故以其佛法大自植立卓然始終不衰雖古高名僧不過也世以方之眞觀不其然乎天台之風教益盛于吳越者蓋亦資夫慈雲之德也吾恨不及見其人是歲嘉祐癸卯

之八年。季秋巳亥朔。適在京口龍游之東圃記之也

鐔津文集卷第十二

鐔津文集卷第十三

藤州鐔津東山沙門契嵩撰

碑記銘表辭

秀州資聖禪院故和尚勤公塔銘 并叙

嘉祐壬寅之仲秋。秀人以故大和尚勤公骨身。歸塔餘杭之安樂山。從始也。其稟法弟子省文。儒者聞人安遠。迺命契嵩書且銘之。和尚諱盛懃。本姓謝氏。不書其得姓之本末。從釋氏也。象郡之壽陽人也。童眞出家。北面事象之白容山。惟齊禪師。祥符中以誦經中試。遂得落髮。其年納戒於桂莞之延齡寺。還白容。

會其師適滅葬已遂浩然西出更訪其師宗者和尚天資淳深懿厚夙有道識童之時以自發明徧學衡湘鄢郢老禪碩師而獨大盡玄旨於德山遠和尚初以雲門語句請決於遠師雖叩問勤至垂三月遠未嘗稍辯盡欲其自契耳一旦悟已詣遠質之遠師一見即謂之曰汝已徹矣當此和尚頓覺身超虛空不覺屋廬爲閡復其立處即徧體雨汗其悟道靈驗如此也先此和尚嘗師他僧傳習平安般定法始授其法廼蓆地然頂於其師前遽有異光上發圓赫如日光熄而元畧無所損其師曰汝最上乘法器也勉之

無以此自盡焉其感通又若此也其後禪之學者廼蔚然嚮慕來浙西混迹于餘杭之安樂山皇祐初嘉禾太守聶公厚載聞其風率郡人遂命領徒于此更十有二年而秀之人無賢愚男女風德大化法侶趨其會者日不下數百精廬完葺僧儲充備而秀有禪居自和尚興起也以嘉祐庚子之五載仲夏壬寅示微疾正坐說偈而盡世壽六十八臘四十二以嘉祐庚子五月己酉遵教火之得五色舍利絢如不可勝數度弟子者宗益嗣其法而領衆一方曰省文曰有昌和尚平昔嘗綴古之語要目其書曰原宗集而其

徒方傳之。然其所得之法。實諸佛之秘要。羣生之所宗。諸祖之所傳者也。非語默可到。然非語默又不能稍發。故和尚莅衆接人。雖勤教誨。而其語嘗簡。其機緣不煩。大較其要道慈德。人人最深。故其亡也。秀人傾城號慟。若喪所親。諸君以契嵩於和尚道交。相知尤深。詳得其出處。廼以文見託。雖固亦不得讓焉。銘曰。

惟骨殊圓。惟道亦然。非生非滅。無陂無偏。惟小夷石泐。而此法常傳。

秀州資聖禪院故暹禪師影堂記

禪師疾病。予自杭往問醫藥。嘗顧謂曰。我老且病。是必已矣。死且累子坎而揜之。爲我誌其嗣法。遂授其所以然。余還杭未幾。果溘然而化。學者不悉。即焚其喪。卒不得而塔之。故列其名迹於影堂。命今長老懃師勒石以傳之。禪師諱慶暹。其先建陽人也。姓范氏。范氏世爲士族。其父大父皆仕。不復書也。始禪師因父宦。生於會稽。及其父官死海鹽縣。即與母治產居秀。至是禪師方五歲。而秀氣靄然。其母異之。命從淨行子昭出家。於今資聖精舍。踰十歲落髮。納戒於靈光寺。習楞嚴圓覺於講師居素。又十歲經明。明年即廣游方外。徧參禪要。又十歲且還。初秀郡未始有禪居。待來者亦有所缺然。禪師既歸。乃一更其院務。與衆處。諭其屬。即如十方禪規主之院稍治。遂結廬獨處于園林。篤爲杜多之行。不出不寢。更十九年。雖惡衣惡食。自視宴如也。居無何。會故雪竇清禪師至其廬曰。善乎仁者。乃至是哉。因盡示其所證之法。而清禪師大軆之卒。亦承於清師。至天聖中。郡太守張公幾聖高之。命復方丈。使舉行禪者故事。逮故翰林學士葉公道卿以中允領郡。見而益喜。遂尊爲長老。命傳其法。垂二十年。竟以此物故。嗚呼。其世壽已七十六。而僧臘六十二。禪師治兹院。自壯旣耄。凡四十六載。於人甚莊。處己至約。飲食資用。必務素儉。與時俗不合。以故其徒稱難。而少親附。唯士大夫重其修潔不忍以葷酒溷其室。先時吳中僧之坐法失序。輒以勢高下。不復以戒德論。禪師慨然。嘗數以書求理於官。世人雖皆不顧其說。而禪師未始自沮。及葉公道卿轉運吾越。而禪師復致其書。而葉公然之。遂正其事於所部。旣而秀衆果推禪師於高座。方再會。卽謝絕。蹤不入俗。殆十五年。然亦天性公正。切於護法耳。昔嘗與余語曰。吾不能以道大惠於物。德行復不足觀以媿於先聖人矣苟忍視其亂法是亦媿也予卽應之曰不必謙也曹溪宗門天下之道妙也而學者罕至十二頭陀出世之至行也吾徒之所難能爲法而奮不顧身亦人之難能也是三者師皆得而行之又何媿乎師曰此吾豈敢也雖然予庸以是而稱之於吾人蓋欲其有所勸也禪師之遷化也至是皇祐之己亥實五載矣悲夫

故靈隱普慈大師塔銘 并叙

師法諱幼旻信陽玉山人也本姓葉氏童時卽有出俗之志告父母得命遂入其邑之興教蘭若師僧省

覃出家。既衲戒。乃訪道四方。來虎林。見惠明禪師。頹然有道器。即服膺執弟子禮。盡學其法。法務無難易者。備嘗之矣。久之。惠明命師監其寺事。未幾。會其寺大火蕩盡。方根其所失。其同事者危之。皆憂及禍。師謂之曰。我總寺事。罪盡在我。吾獨當之。爾曹不必懼也。吏果不入寺問師。第坐其爨者耳。此豈古所謂臨難無苟免者耶。其後惠明告終。畢其喪。師即帥眾白本府。請大長老惠照聰公。鎮其寺。以繼惠明所統。仍以監寺輔之。戮力相與。復其寺。不十年而葺屋廬。嶷然千餘間。益偉於舊。慶曆中。朝廷用其薦而錫之章服。其後又賜號普慈。及惠照謝世。師方大疾。亦力病治其喪事。始惠照垂終。遺書舉師自代。官疑其事不與。以靈隱更命僧主之。師事其僧愈恭。無毫髮鄙悋心見於聲彩。而人益德之。當此。知府龍圖季公知之。乃以上天竺精舍命師以長老居之。及觀文孫公。初以資政大學士涖杭。特遷之主靈隱。始其演法之日。孫公大師衣冠貴游。不翅百人。預會爇香。聽其所說。而道俗老少貴賤。摩肩而趨來者萬計。是日人聲馬跡。溢滿山谷。法席之盛。其如此者鮮矣。師天性寬平慈恕。與人周而多容。而人亦頗美之。故居其寺。方六年。寺益修。衆益靖。度弟子二十三人。嘉祐乙亥仲冬初。忽感微疾而臥。先終一日與蒙語。將捨寺與今知禪德。語氣詳正如平昔不衰。十三日雞鳴。起漱洗。問時辰。乃安坐而盡。世壽六十一。僧臘四十一。以是月二十九日。入塔于呼猿澗之直北寺垣之內。塔已。知師以其行狀求蒙文而銘之。然在古高僧傳。其法凡吾人於其教有德有言。及其有功者。乃得書之。若今靈隱最天下名寺。固吾佛法以之弛張也。嗚呼。普慈於其寺。平生如此之效。豈不曰於法有功乎。余故不讓。乃引其事而書之也。銘曰。

惟功在法。惟德在法。法既不生。其勝緣豈有熄耶。惟師之盛善常然。不泯不墜。斷可見矣。

杭州石壁山保勝寺故紹大德塔表

石壁寺去杭越三十里。走龍山而西。窅然入幽谷。有溪流岩石之美。雖其氣象淸淑。而世未始知之。自紹大德與其兄行靖法師居之。而其名方播。亦地以人而著也。大德諱行紹。杭之錢唐人也。本姓沈氏。初其母夢得異僧舍利吞之。因而有娠。及生。其性淳美。不類孺子。不喜肉食。嗜聞佛事。方十二歲。趨智覺禪師延壽求爲其徒。父母從之。及得戒。通練律部。當是時韶國師居天台山。其道大振。大德乃攝衣從之。國師見且器之。卽使往學三觀法於螺溪羲寂法師。因與其兄行靖皆事寂法師。講求大義。居未幾。而所學已就。還杭。卽葺其舊寺。尋亦讓其寺與靖法師以會講衆。靖法師與大德皆師智覺出家。而大德爲法兄。靖師爲俗兄。靖法師以素德自發。先此六十年。雖吳中宿學名僧。皆推其高人。當時故爲學者所歸。及靖法師還講他寺。而大德復往居石壁。其前後五十年。守其山林之操。未始苟游於鄉墅閭里。處身修潔。識者稱其淸約。一日示感輕疾。至其三日之夕。囑累其徒與衆會茶授器已卽坐盡至是其壽已八十歲僧臘六十八歲垂二十年余始來石壁會其弟子簡長因聞其風長亦介潔能守其先範遂與其同學之弟簡微面以大德塔誌見託吾嘗謂之曰教所謂人生難遇者數端而善知識尤難世書曰善人吾不得而見之矣得見有常者斯可矣賢善誠難其會也若師出家於壽公學法於寂公見知於國師韶公韶公不測人也奇節異德道行藹然而壽寂二公亦吾徒之有道者也天下豈可多得若師皆遇而親炙之假令得一見之已甚善也況因人而得法耶若此師之美多

矣復兄弟於靖師同其務學親道栖養於山林又平
生之美可書也其塔在寺之西圃故筆而表之是歲
皇祐癸巳三月之十一日也

致政侍郎中山公哀辭并叙

故侍郎中山公其喪下葬日客有感其舊德而爲哀
辭以見意也然客本佛氏者外遺形質內融情僞不
宜有所感而哀之也蓋不忍視其賢人歿而君子之
道益寡嗟嘆之不已姑託哀而辭之雖然公之功德
在人名與迹太史氏播之而其人未必悉知公道德
之本至者也公之所本者誠也故其始也修身事親

而鄉人傚之其中也仕於朝廷守大節不變而天子擢之其老也以禮而退表師乎士大夫而天下儀之然士之行道於世多初銳而中懈先是而後謬孰如公進退始卒無毫髮之失蓋其修誠厚本而致是爾公既謝去軒冕益以清淨養其壽命故蒙忝公之交游亦親識知公之道德所以至者且詳可法也矣嗚呼辱公之顧待異矣不復睹矣辭曰

鱗羽穰穰兮龍鳳所尸龍不可隱兮鳳不可衰人倫整整兮聖賢所貪聖不可亡賢不可虧老成之人兮已與化移典形雖在兮奚可邇窺大夜奄夕兮復曉

何時神明一去兮寂寥何知道德垂世兮羣心所思淸白傳家兮世世可師五福貴全兮公得於斯天分獨好兮誰與等夷人壽百歲兮公欲及期孝子順孫兮胡必增悲伊我所傷兮賢者寖稀純誠不紹兮君子道微萬類紛綸兮邪正相非特立獨行兮不爾疇依秋風蕭蕭兮白露霏霏草木零落兮丘隴巍巍靈車獨舉兮丹旐飄飛顧此別離兮杳杳長違

李晦叔推官哀辭 并叙

隴西李晦叔死有以相報者予聞悼之且有所感也晦叔有俊才素以其才之力氣自豪故於文章辯論

不甚推讓去年仲春將施生來吾室與吾語終日不能去嘗曰昔謂方袍平叔予今顧師不足比也叵自慨相知之晚及蒙移書讓其過稱復曰方今天下賢而有識者幾其人哉在仲靈何讓其後數數以重語推致於交游間期將復來劇論雖然余非其人酹其意愛豈不謂之知我乎別去一年志方壯豈悟其忽然而已亡耶古人以人生比之浮雲奄忽不可常保如此信之矣辭曰

昨別晦叔志氣强今聞晦叔忽已亡始知未信便必爾定聞不覺心自傷心傷君子何所切念君素懷殊

未張賢良不遂（遂或召字）死從事。可惜謫仙才艷長。陸機弟兄皆早世。芝蘭零落何相望。高堂有親髮被領。白日悠悠悲未央。憶君去年來我室。抵掌俉語聲琅琅。坐人驚嘆幾絕倒。是是非非窮否臧。當時然諾頗相得。聲色慷慨多揄揚。乃云平叔不足比。齷齪自疑何敢當。白雲有期倘相待。豈意游魂成渺茫。哲人自古寡眉壽。天理如何不可量。

周叔智哀辭 并叙

周叔智名測。九江潯陽人也。少聰悟。讀書能強記。自六籍楊孟。洎司馬氏史漢。老莊列禦寇之說。與吾佛經歷目則往往通之商較古今援引故事動有典據嘗駭坐人率皆伏其高論爲文學易繫辭奇峭頗工恥於奔競造次不移其守故名不籍甚朋游屢以其家貧親老勗之逾四十始以茂才異等舉尋斥於有司歸鄉曲務以其道訓導後進江州風俗剽輕其人寡能莊整叔智侃然處於鄉黨而後學小生不敢恣放去年孟夏得叔智之子明服書且聞叔智以癸未孟秋死矣嗚呼吾嘗與叔智友凡議論不以道相契未始發其言交道之中正自謂古人不至如是也及來吳越不相見已六七年日夕浩然思歸潯陽慕冢

遠（一作惠遠）宗炳劉遺民之風。同叔智相與老於林下。逮此。信吾事不果濟也。嗚呼。交道之已矣乎。哀其人不復見矣。故辭之以揚其德也。辭曰。

江之山兮康廬。效靈江之水兮九江。沘清。合其氣兮誕爲人英。君得之兮。旣聰且明。道德脩兮器識恢宏。竟不展兮奪化代。并公之壽兮令名不朽。君之福兮學問富有。仁義家傳兮子孫寶守。孰謂旣往兮不光其後。溢江浮天兮綠淨漪漪。白石靑草兮日暮參差。若人不歸兮萬古別離。相望秋墓兮千里依依。

秀州精嚴寺行道舍利述（梵音舍利此云身骨）

道必有所驗非驗孰見乎道之至哉不耶佛之舍利蓋其道之驗也夫道之大至者固貫乎人神死生而妙之聖人以其妙則在幽而能與在明而能無是故聖人方其生也善世而無善方其死也潛神而用神舍利者亘百世而儼然效其靈則天下莫測豈非其神之爲乎今夫九流百子以其道而爲之者天下紛然謂之道則與佛未始異也稽其驗則天下無有也競尊其師則謂佛不足與其聖賢校其人之死也不終日而形腐不終年而骨朽其神則漠然烏有乎忽恍豈其道亦有所未臻於佛者乎昔者佛法始傳於

漢而漢人不詳始傳於吳而吳人不諒皆專儒老而拒我故摩騰僧會命舍利以驗佛世自是翕然而嚮之夫道遠也驗近也觀近也者發之也觀遠也者至之也至之者聖人也以驗觀道則麤妙可審也以道觀聖人而大小可見也人亦有言曰其教有大不可思議之事益知佛爲大聖人不其然乎然舍利之見乎天下者古今多矣有盤空而翔者無端而至者發光而明竝日月者不可焚者不可碎者若此行道之舍利晝夜振之而不息者天下未始見也捧其塔敬之則金鐸益轉若與人意而相應異乎美哉至神之

物。不必大也。至道之驗。不必多也。考其始致。則曰得之於吳越故國師韶公。蓋得乎梁之岳陽王蕭詧之所傳者也。既而錢氏之先王。內於金鐸。以小銅塔而緘之。寘諸靈光寺。（今寺之舊名）殆百年矣。韶公。至人也。號其舍利。一曰行道。一曰入定。入定者。秘而不可見。行道者。益塔而張之。是豈不以後世僧不執道。而俗薄寡信。將亦有所勸而發之者乎。故述其意。命吾徒以揚之。

題遠公影堂壁

遠公事迹。學者雖見。而鮮能盡之。使世不昭昭見先賢之德。亦後學之過也。予讀高僧傳蓮社記。及九江新舊錄。最愛遠公凡六事。謂可以勸也。乃引而釋之。列之其影堂。以示來者。陸修靜異教學者。而送過虎溪。是不以人而棄言也。陶淵明。耽湎于酒。而與之交。蓋簡小節。而取其達也。跋陀高僧。以顯異被擯。而延且譽之。蓋重有識而矯嫉賢也。謝靈運。以心雜不取。而果歿於刑。蓋識其器而慎其終也。盧循欲判。而執手求舊。蓋自信道也。桓玄振威。而抗對不屈。蓋有大節也。大凡古今人情。莫不畏威而苟免。忘義而避疑。好名而昧實。黨勢而忽孤。飾行而畏累。自是而非人。

孰有道尊一代爲賢者師肯以片言而從其人乎孰有夙稟勝德爲行耿潔肯交醉鄉而高其達乎孰有屈人師之尊禮斥逐之客而伸其賢乎孰有拒盛名之士不與於教而克全終乎孰有義不避禍敦睦故舊而信道乎孰有臨將帥之威在殺罰暴虐之際守道不撓而全節乎此故遠公識量遠大獨出於古今矣若其扶荷至教廣大聖道垂祐於天人者非蒙乃能盡之其聖歟賢耶偉乎大塊噫氣六合清風遠公之名聞也四海秋色神山中聳遠公之清高也人僧龍鳳高揖巢許遠公風軌也白雲丹嶂玉樹瑤草遠

公之栖處也。蒙後公而生。雖慕且恨也。瞻其遺像。稽首作禮。願以弊文。題于屋壁。

題梅福傳後

班固云。梅子眞嘗爲南昌尉。不得志。遂自引去。變姓名爲會稽監門。又曰僊去。故後之說者。不過謂子眞能以僊尉爲吏隱。善與時浮沉。往往引其事爲尉者美言。亦學者之不詳也。小哉言乎。子眞磊落有大節。奮不顧身。忠於國家。憂天下者也。當漢朝失理。本末皆顛。子眞嫉邪臣用事。竊弄大權。發憤上書。論國大體。大要興行禮度。登用俊良之人。雖觖觸譏佞輩。而無所避忌。詞氣謇諤。意欲警動時主。雖書屢上。而主竟不悟。卒土崩瓦解。使當時稍用其言。而高祖社稷未必喪亡。嗚呼。子眞處九品之末。朝無一介之援。毅然奮志。忠勇過人。吐詞扶國家之危。逆龍鱗。探虎口。不旋踵而禍及其身。尙不以爲懼。眞慷慨大丈夫也。噫。古今讀書爲學。孰不抱氣自視爲英雄。於朋游間。苟有一語相忤。不協其意也。必發憤詬罵。恨不能誅之如讐。及其立於朝廷也。眎有不義。雖大至於害教化傷風俗。以其不切於己。雖眎如不眎。雖聞如不聞。往往從而諛之。苟其敗也。則聚口而笑之。此聞子眞之風。宜如何爲心。子眞歿在先漢之季。於今上下千有餘年。所於縣尉。未有如子眞者也。將有而未聞見乎。予嘗病世不知子眞之德之道。徒高其得術僊去故題云。

書文中子傳後

讀東皐子王績集。知王氏果有續孔子六經。知房玄齡杜如晦。李靜董常溫彥博魏徵。薛收杜淹等。果文中子之弟子也。讀劉煦唐書。王勃傳。知文中子乃勃之祖。果曾作元經矣。績死於貞觀十八載。去其兄之世近。能言其事也。慨房杜溫魏王勃皆不書一字以傳文中子之賢。而隋書復失書之。後世故以文中子之事不足信。及韓子文興。天下學士宗韓。以韓愈不稱文中子。李翺又薄其書。比之太公家教。而學者蓋不取文中子也。然王氏能續孔子六經。蓋孔子之亞也。識者宜以聖人之道較而正之。其文中子之道苟與孔氏合。乃孔子之嗣也。而書傳之有無。不足為信。隨人愛惡之情。欲蔑其聖賢可乎。孟軻豈不曰。盡信書。不若無書。吾睎中說其讀詩曰。四名五志。讀書曰四制七命。元經則曰。晉宋齊梁陳亡具五以禍其國。而善其立法有聖人之道。嗟呼。不見其六經。姑書此以遺學輩。

書李翰林集後

余讀李翰林集。見其樂府詩百餘篇。其意尊國家正人倫。卓然有周詩之風。非徒吟咏情性。咄嘔苟自適而已。白。當唐有天下第五世時。天子意甚聲色。庶政稍解。姦邪輩得入竊弄大柄。會祿山賊兵犯闕。而明皇幸蜀。白閔天子失守。輕棄宗廟。故作遠別離以刺之。至于作蜀道難。以刺諸侯之强横。作梁甫吟傷懷忠而不見用。作天馬歌。哀棄賢才而不錄其功。作行路難。惡讒而不得盡其臣節。作猛虎行。憤胡虜亂夏。

而思安王室。作陽春歌。以誡淫樂不節。作烏栖曲。以刺好色不好德。作戰城南。以刺窮兵不休。如此者不可悉說。及放去。猶作秋浦吟。冀悟人主。意不果。望終棄於江湖間。遂紆餘輕世。劇飲大醉。寓意於道士法。故其游覽贈送諸詩。雜以神僊之說。夫性之所作。志之所之。小人則以言。君子則以詩。由言詩以求其志。則君子小人可以盡之。若白之詩也如是。而其性之與志。豈小賢哉。脫當時始終其人。盡其才而用之。使立功業。安知其果不能也。邇世說李白清才逸氣。但謫仙人耳。此豈必然耶。觀其詩。體勢才思。如山聳海振巍巍浩浩不可窮極。苟當時得預聖人之刪，可參二雅。宜與國風傳之於無窮，而離騷子虛。不足相比。

書諸葛武侯傳後

孔明始躬耕於隆中時，每自比於管仲樂毅。時人莫有許者。惟崔州平徐庶以爲然。吾考孔明事迹，其以天下至公爲心。欲并强魏而復漢社稷。與管仲九合諸侯。一匡天下，樂毅不屠莒卽墨之城，欲專以王道一歸天下。其道豈異哉。劉備三往乃見。孔明方與備畫計。何其工也。及備軍敗，身遁夏口。而孔明往說孫權。得兵爲援。破曹操於赤壁。此與樂毅說趙楚魏。使趙啖秦以伐齊之利。而毅并獲楚魏五國之兵伐齊。破之濟西。而其才畧奇偉。與樂埒也。率諸軍北駐漢中。臨發上疏。與樂毅報遺燕惠之書。其忠義相類。但其遇主遭時。不如管仲之得志耳。使孔明逢盛時。天不奪其壽。得以始終其事。復漢而并一天下。興崇王道。則管夷吾樂毅。殆不及也。惜其輕用馬謖。遂敗於街亭。害其能事。然諸葛孔明。賢豪俊傑。猶暗於知人如此。況非如孔明者。乃輕信乎利口之人而用之。不亦易乎。戒之哉。戒之哉。

書范雎傳後

始范睢變姓名。自號張祿先生。入秦說秦昭王。短秦相穰侯。秦昭王遂逐穰侯。收其相印。卽拜范睢爲相。號爲應侯。應侯所任用鄭安平以兵降趙。應侯憂。不知計之所出。而蔡澤乃西入秦。見昭王。使人宣言感怒應侯。應侯服其說。乃擧蔡澤。應侯因謝病請歸相印。范睢旣免相。秦昭王遂拜蔡澤爲相。蔡澤相秦數月。或惡之。懼誅。尋亦謝病歸其相印。莊子云。一蟬方得美蔭而忘其身。螳蜋執翳而搏之。見得而忘其形。異鵲從而利之。見利而忘其眞。莊周怵然曰。噫。物固相累焉。此與范睢二三子相傾而相奪。何以異乎。欲人之欲。人亦欲之。孰謂能必保其富貴耶。

唐段太尉傳贊

段太尉秀實。先爲用事者奪去兵權。而無怨。及是毅然奮笏擊殺朱泚。不顧一死。圖有王室。古所謂社稷之臣也。又曰殺身以成仁。又曰臨難無苟免。唯段氏皆得之矣。說者或云段大尉小弱。動不迕物。頗類儒者。及其奮擊反虜。罵聲掉厲。而氣慴萬夫。白刃交前。而卒不變色。又何壯哉。猛如飄風。烈如疾雷。慷慨雄偉。卓出古今。太史公疑田侯於畫圖。信有之矣。嗚呼。大凡古今人情得權勢之盛。不振主。則驕時。及失之。

則怨望不能自存往往謀爲不軌。如段秀實太尉者。得之不爲幸失之不爲怨成之與敗在未決間而以死徇王室擬淮陰侯韓信則其賢遠矣。

好善贊

聖人之善以人爲善其人也必好善沮人之善以自善其人也必嫉善好善者其道必廣嫉善者其名必辱好善則天下善人樂以其善告聚天下之善以爲行其道不亦廣乎嫉善則天下善人唯恐其聞所善掩天下之善以爲言其名不亦辱乎舜古之好善人也顏子亦古之好善人也彼舜者古之聖人也當堯

之世。克諧以孝。烝烝乂不格姦。天下不歸乎朱。而歸乎舜。而天下豈有善於舜者也。及其聞一善言。見一善行。若決江河。沛然莫之能禦也。顏子古之賢人也。當孔子之時。抱聖人之道。窮處陋巷。人不堪其憂。而顏子不改其樂。庶幾乎。聖人所以稱之。而天下豈有善於顏子也。及其聞人一善。則拳拳服膺。若今所謂善人者。吾未見有如顏舜之聖賢也。其善未必善於天下之人。及其聞人之善。孰肯沛然以行之。亦孰肯拳拳而服膺。從而掩之者有之。辯者必形乎言。訥者必形乎色。脫少而稱之。其人也。非情與黨則不爲也。

嗚呼欲其名不辱其可得乎其道之廣也其可得乎今之人不如古之人遠矣故謂好善者非聖賢之人不能好善也窮天地亘萬世唯舜顔子而已矣宜乎其道與名傳之於無窮焉

陸蟾傳

陸蟾藤州鐔津人也以能詩名於楚越間其瀑布詠則曰靈源人莫測千尺挂雲端嶽色染不得神功裁亦難夏噴猨鳥凝秋濺斗牛寒待到滄溟日爲濤更好看此詩人尤稱之客死於攸縣之司空山予少時游衡山會隱者高閬謂予曰昔陸先生子之邑人也

方國初時。廖氏家以詩盛。而四方詩人慕廖氏者來衡山頗衆。獨先生陸某詩多警句。雖慕廖融。亦相推高。然生不止能詩而已矣。頗知王霸大略。亦俟有所遭遇。故其言詩見志。如前詩後句云。待到滄溟日。爲濤更好看。而常幅巾布衣。好秉高節。所至閉戶自處。不肯與常人交接。余聞其風且歎之曰。陸生邑人也。能以詩高出流輩。是亦賢矣。而負道守節。不爲阿世苟合。而欲自有所遭遇。雖孔孟尚不得其志。而生也。不亦難乎。然天下如陸生從死於丘壑者何限。

韓曠傳

韓曠字攝生。隱士也。或曰即五代韓通之後也。宋初其家破。曠方嬰兒。人竊匿且育之。稍知其世家。亦遂自匿亡於楊越間。歘然長大。少年任俠縱酒擊劒。一旦感悟。即潔身振衣。游名山。慕道家絶粒導引。爲人沉毅寡語。悠然有遠器。甘惡衣食。所至輒閉室不交人世。雖官尊如刺史者。縱求之。未嘗有見者。或稍見一揖。遂自引不復與語。予少時。識曠於嶽麓。其人已老。嘿嘿不妄道事。然人多悅其高義而自勸。始予謂曠木訥少文。及游洪井。視其屬辭彬彬可觀。聞其平生愈詳。益信其有德而有言也。竟死於湘潭間。

評北山清公書

評曰唐高僧神清不喜禪者自尊其宗乃著書而抑之曰其傳法賢聖間以聲聞如迦葉等雖曰回心尚爲小智豈能傳佛心印乎即引付法藏傳曰昔商那和修告優波毱多曰佛之三昧辟支不知辟支三昧聲聞不知諸大聲聞三昧餘聲聞不知阿難三昧我今不知我今三昧汝亦不知如是三昧皆隨吾滅又有七萬七千本生經一萬阿毘曇八萬清淨毘尼亦隨我滅固哉清也徒肆已所愛惡而不知大謬先聖吾始視清書見其校論三昧雖文詞不佳蓋以其善

記經書。不別理義端由。而不卽非之。及考其禪宗之說。問難凡數番。輒採流俗所尚。及援書傳。復不得其詳。余初謂此非至論。固不足注意。徐思其所謂迦葉等。豈能傳佛心印。尤爲狂言。恐其熒惑世俗。以增後生末學之相訾不已。乃與正之。非好辯也。大凡萬事。理爲其本。而迹爲末也。通其本者。故多得之。束其末者。故多失之。若傳法者。數十聖賢。雖示同聲聞。而豈宜以聲聞盡之哉。經曰。我今所有無上正法。等悉以付囑摩訶迦葉竟。大般涅槃傳曰。我今所有大慈大悲四禪三昧無量功德。而自莊嚴。而迦葉比丘。亦復如是。又謂毱多。爲無垢相好佛。又謂僧伽難提。乃過去娑羅王如來。降跡爲祖。如此之類甚衆。豈非聖人欲扶其法。互相尊敬。而示爲大小耶。楞伽所謂三種阿羅漢者。一曰。得決定寂滅聲聞阿羅漢。一曰。增修菩薩行阿羅漢。一曰。應化佛所作阿羅漢。此阿羅漢。以本願善根方便力。故現諸佛土。生大衆中。莊嚴諸佛大會。故若大迦葉。傳法數十聖賢者。豈非應化佛所化之阿羅漢者也。然佛所化者。宜其所有四禪三昧無量功德。與如來不異也。不異乎如來。而傳佛心印。孰謂其不然乎。若商那和修曰。阿難三昧。而我不

知我今三昧汝亦不知知斯恐其有所抑揚耳未可謂
其必然經曰入遠行地已得無量三昧夫入遠行地
者蓋七地菩薩也七地菩薩尚能得無量三昧而化
佛豈盡不能也然佛之所傳心印與餘三昧者宜異
日而道哉夫心印者蓋大聖人種智之妙本也餘三
昧者乃妙本所發之智慧也皆以三昧而稱之耳心
印即經之謂三昧王之三昧者也如來所傳乃此三
昧也淸以謂餘三昧耶其所謂七萬七千本生經一
萬阿毘曇八萬淸淨毘尼亦隨我滅此余未始見於
他書獨付法藏傳云爾尙或疑之假令其書不謬恐

非謂其傳法聖賢不能任持而然也。是必以後世羣生機緣福力益弱。而不勝其教。以故滅之。方正。像。末法。三者之存滅。亦隨世而法汚隆焉。曷嘗爲其弘法聖賢而致正末耶。嗚呼。學者不求經。不窮理。動謬聖人之意。爲其說。雖能編連萬世事。亦何益乎。書曰。記問之學。不足爲人師。凊之謂也歟。

評唐續僧傳可禪祖事 附

評曰。唐續高僧傳謂可遭賊斷臂。與余書云。曷其異乎。曰。余考法琳碑曰。師乃立雪數宵。斷臂碎身。營求開示。亦曰投地碎身顧其開示然爲僧傳者。與琳同時。琳之說與禪書合。而宣反之。豈非采聽之未至乎。抑亦從邪說而妄非之乎。故其書不足為評。亦云不可憑。亦云不在詳評評。然各有旨也。

鐔津文集卷第十三

鐔津文集卷第十四

藤州鐔津東山沙門契嵩撰

非韓上

非韓子三十篇并叙

叙曰。非韓子者。公非也。質於經。以天下至當爲之是。非如俗用愛惡相攻。必至聖至賢。乃信吾說之不苟也。其書三十篇。僅三萬餘言。

第一

韓子議論拘且淺。不及儒之至道可辯。予始見其目曰。原道。徐眡其所謂仁與義爲定名。道與德爲虛位。

考其意正以仁義人事必有乃曰仁與義爲定名道德本無緣仁義致爾迺曰道與德爲虛位此說特韓子思之不精也夫緣仁義而致道德苟非仁義自無道德焉得其虛位果有仁義以由以足道德豈爲虛耶道德既爲虛位是道不可原也何必曰原道舜典曰敬敷五教蓋仁義五常之謂也韓子果專仁義自其書曰原教可也是亦韓子之不知考經也其曰博愛之謂仁行而宜之之謂義由是而之焉之謂道足於己無待於外之謂德夫道德仁義四者迺聖人立教之大端也其先後次第有義有理安可改易雖道

德之小者。如道謂才藝德謂行善。亦道德處其先彼曰仁義之道者。彼且散說。取其語便道或次下耳。自古未始有四者連出。而道德處其後也。曲禮曰。道德仁義。非禮不成。說卦曰。和順道德而理於義。論語曰。志於道。據於德。依於仁。游於義。禮運曰。義者藝之分。仁之節也。協於藝。講於仁。得之者强。此明游於義者乃聖人用義之深旨耳。楊子曰。道以導之。德以得之。仁以人之。義以宜之。老子雖儒者不取。其稱儒亦曰。道而後德。德而後仁。仁而後義。道先開通。釋曰。開通。即繫辭云。開物成務。又曰通天下之志。是也。由開通方得其理。故德次之。得理爲善。以恩愛惠物。而仁次之。旣仁且愛。必裁斷合宜。而義又次之。道德仁義。相因而有之。其本末義理如此。聖人爲經。定其先後。蓋存其大義耳。今韓子戾經先仁義而後道德。臆說。比大開通得理。不乃顚倒僻紆無謂耶。然儒之道德。固有其小者大者焉。小者如曲禮別義一說道謂才藝。德爲行善在已。是也。大者如繫辭。一陰一陽之謂道。繼之者善也。成之者性也。仁者見之謂之仁。智者見之謂之智。百性日用而不知。故君子之道鮮矣。說卦曰。昔者聖人之作易也。將以順性命之理。立天之道曰陰與陽。立地之道曰柔與剛。立人之道曰仁與義。中庸曰。天命之謂性。率性之謂道。修道之謂教。是也。繫辭以其在陰陽而妙之者爲道。人則稟道以成性。仁者智者雖資道而見仁智。遂滯執乎仁智之見。百姓雖日用乎道而茫知是道。故聖人之道顯明爲昧少耳。昧或作衰然聖人之道豈止乎仁義而已矣。說卦以性命之理。即至神之理也。天地萬物莫不與之。故聖人作易重卦。順從此理。乃立天地人三才之道。天道資始則有陰有陽。地道成形。則有柔有剛。人道情性則有仁有義。乃資道而有之也。中庸以循率此性。乃謂之道修治此道乃謂之教教則仁義五常也是豈道止仁義而仁義之先果無道乎若說卦者若論語者若曲禮之別義者若老子楊子者其所謂道德皆此之大道也然是道德在禮則中庸也誠明也在書則洪範皇極也在詩則思無邪也在春秋則列聖大中之道也孔子謂曾子曰參乎吾道一以貫之曾子曰唯又謂子貢曰非也予一以貫之但曾子緣弟子問之而曾子以其弟子小子未足以盡道故以近道者諭之乃對之曰夫子之道忠恕而已矣曾子蓋用中庸所謂忠恕去道不遠之意也後儒不通便以忠

恕遂爲一貫悞矣繫辭曰天下之動貞夫一又曰一致而百慮禮運曰禮必本於太一中庸曰其爲物不二其生物也不測以此較而例諸烏得以忠恕而輒爲其一貫乎顏淵喟嘆曰仰之而彌高鑽之而彌堅瞻之在前忽焉在後夫子循循然善誘人顏子正謂聖人以此一貫之道敎人循循然有其次緒是爲善進勸於人也此明聖人唯以誠明大道開通一理爲其敎元爲衆善百行之本中庸曰中也者天下之大本也豈不然乎于此輒三本畧經正以仁義二者曲爲其道德其於聖人之法豈不闕如中庸曰道之不

行。我知之矣。賢者過。而不肖者不及。茲謂賢智之人忽道。而所以為過也。愚不肖輩遠道。而所以為不及也。韓子忘本。豈不為過乎。輕亡至道。而原道欲道之辯明。是亦惑也。繫辭所謂仁智云者。為昧道執滯其見。致迺聖人之道。衰少不備。顯若韓子局仁義而為其道德者。正繫辭所患也。夫義乃情之善者矣。於道德為次。以情則罕有必正而不失。故論語曰。大德不踰閑。小德出入可也。又曰。賜也過。商也不及。又曰。色取人而行違。居之不疑。表記。子曰。仁有三。與仁同功而異情。與仁同功。其仁未可知也。與仁同過。然後其仁可知也。莊子曰。諸侯之門。而仁義存焉。其欲偏以仁義而爲。可乎。然子貢子夏爲仁義之賢者。猶有過與不及。況其不如賜與商者。後世何可勝數。此烏得不究大本與人。教其以道德。而正其爲善乎。中庸曰。道其不行矣夫。是乃聖人憫傷其不與至道至德。而教人也。或曰。韓子先仁義而次道德者。蓋專人事。而欲別異乎佛老虛無之道德耳。曰。昔聖人作易以正乎天道人事。而虛無者最爲其元。苟異虛無之道。則十翼六十四卦。乃非儒者之書。伏羲文王孔子。治易之九聖人。亦非儒者之師宗也。孔子非儒宗師。可乎。

果爾則韓子未始讀易易尤爲儒之大經不知易而謂聖賢之儒吾不信也其曰老子之小仁義非毀之也其見者小也坐井而觀天曰天小者非天罪也然老子曰失道而後德失德而後仁失仁而後義失義而後禮此誠不毀小仁義也（或無小字）蓋爲道德與仁義爲治有隆殺而其功有優劣耳夫明此不若以禮運較孔子曰大道之行也天下爲公選賢與能講信修睦故人不獨親其親不獨子其子又曰謀閉而不興盜竊亂賊而不作故外戶而不閉是謂大同是豈非大道與德爲治而優乎又曰今大道既隱天下爲家

各親其親各子其子又曰禹湯文武成王周公由此其選也此六君子者未有不謹於禮者也以著其義以考其信著其有過刑人講讓示民有常如有不如此者在執者去衆以爲殃是爲小康是豈非仁義爲治於道德爲劣乎如此何獨老子而小仁義耶韓子何其不自思儒經而輒誚老子乎又曰老子所謂道德云者去仁與義言之也一人之私言也此韓子之言所以大不公也夫老子之所言者大道也道果私乎所謂大道者豈獨老子之道蓋三皇五帝列聖之大道也韓子不知徒見老氏道家自爲其流與儒不

同欲抑而然也。夫析老氏爲之道家者。其始起於司馬氏之書。而班固重之。若老子者。其實古之儒人也。在周爲主藏室之史。多知乎聖人神法之事。（或本無聖人字）故孔子於禮。則曰吾聞諸老聃。是蓋老子嘗探三皇五帝之書。而得其大道之旨。乃自著書發明之。韓子不能揣本齊末。徒欲排之。而務取諸儒名。不亦異乎。禮運曰。大道之行。與三代之英。丘未之逮也。而有志焉。鄭玄解曰。大道謂五帝時也。然他書多謂大道爲皇道。而鄭獨謂五帝之時也。其意以謂雖皇與帝。其道相通故也。五帝本紀。而黃帝當其首。然黃帝與虞犧神農其實三皇而經史但爲帝者蓋皇帝與王古亦通稱耳故鄭謂五帝之時而皇在其間矣但黃帝乃三皇處五帝之初而冠乎堯舜雖本末小異而大道一也繫辭曰黃帝堯舜垂衣裳而天下治此其然也孔安國謂三皇之書爲三墳言大道也五帝之書爲五典言常道也孔穎達正其義曰皇優於帝其道不但可常行而已又大於常故爲墳也此謂對例耳雖少有優劣皆乃大道並可常行亦引茲禮運大道之行謂五帝時爲之證然五帝三皇之書莫至于易以易與老子較而其道豈異乎哉如繫辭曰天下之

動。正夫一者也。而老子曰。王侯得一以爲天下正。此其大略也。苟考其無思無爲之理。陰陽變化之說。二書豈不皆然。班固漢書曰。老氏流者蓋出史官。又曰。合於堯之克讓。易之謙謙。此之謂也。吾少聞於長者曰。老子蓋承於黃帝氏者也。及見莊周廣成子曰。得吾道者上爲皇。下爲王。益信老氏誠得於三皇五帝者也。此明老子之道德者。實儒三皇五帝道德仁義之根本者也。章章然。（或止一章字也）豈出於老氏一人之私說耶。必以老子爲非。則易與禮運可燔矣。文王孔子則爲槌提仁義者也。夫先儒之好辯者。孰與孟子。孟子之時老子之書出百有餘年矣而莊周復與孟氏竝世如其可排則孟已排之矣豈待後世之儒者辯之耶司馬遷謂老子之道約而易操（上或無之字）事少而功多儒者或不然譏其先黃老而後六經是亦不知其意也太史公之書孔子卽爲之世家老子卽爲列傳此豈尊老氏之謂耶蓋以老氏之道乃儒之本也所以先之者正欲尊其本耳非苟先其人也子長之言微且遠矣韓子不能深思而遽詳之輒居於先儒乃曰周道衰孔子沒火于秦黃老于漢佛于晉宋齊梁魏隋之間其言道德仁義者不入于楊則入于墨

不入于墨則入于老不入于老則入于佛入于彼則出于此入者主之出者奴之入者附之出者汚之嗚呼何其言之不遜也如此其曰出入奴汚謂出于楊墨乎出于佛老乎佛老豈致人惡賤之如是耶夫佛法居家者果以誠心入道其所出遠則成乎殊勝之賢聖其所出近則乃身乃心潔靜慈惠爲上善人出處閭里則人敬之而不敢欺是亦人間目擊常所見也安有出者奴之汚之之辱耶古者有帝王而入預佛法者自東漢抵唐不可悉數如唐太宗於崇福寺發願稱皇帝菩薩戒弟子者玄宗務佛清淨事其熏

修者是亦佛教而出果奴乎汚耶韓子徒以梁武爲尤而不知辱類其本朝祖宗此豈有識慮耶然梁武之事吾原教雖順俗稍評之而未始劇論如較其舍身於俗則過於道則得非爾人情輒知唯天地神明乃知之耳故當梁武舍身之際而地爲之振此特非常之事而史臣不書而後世益不識知梁武帝幽勝之意也其發志固不同庸凡之所爲未可以奴眂之也韓子既攘斥楊墨佛老如此矣而其師說乃曰孔子以禮師老聃其讀墨曰孔子必用墨子墨子必用孔子不相用不足爲孔墨其爲絳州馬府君行狀曰

司徒公之薨也刺臂出血書佛經千餘言以祈報福又曰居喪有過人行其稱大顛序高閑亦皆推述乎佛法也韓子何其是非不定前後相反之如是耶此不唯自惑亦乃悞累後世學者矣佛老果是而韓子非之後學不辨徒見韓子大儒而其文工乃相慕而非之楊墨果非而韓子是之學輩亦相效而是之夫以是而爲非者則壞人善心以非而爲是者則導人學非壞善之風傳之後世悞人之所以爲心非小事也損刻陰德而冥增其過不在乎身必在其神與其子孫後世亦可畏也儒有附韓子者曰孔子但學禮

於老聃氏耳。非學其道也。曰。不然。禮亦道也。樂記曰。大禮與天地同節。又曰。中正無邪。禮之質也。禮運曰。禮必本於太一。夫中正太一。禮之質本也。儀制上下。禮之文末也。苟聖人但學文末而不究乎質本。何爲聖人耶。惟聖人固能文質。本末備知。而審擧之也。學者徒知曾子問。孔子學禮於老聃之淺者耳。而不知史記老聃傳孔子問禮之深明者也。彼韓子雖學儒之言文。豈知禮之所以然耶。其曰。聞古之爲民者四。今之爲民者六。古之敎者處其一。今之敎者處其二。農之家一。而食粟之家六。工之家一。而用器之家六。

賈之家一。而資焉之家六。柰之何民不窮且盜也。夫所謂教者。豈與乎天地皆出。而必定其數耶。是亦聖人適時合宜而爲之以資乎治體者也。然古今迭變。時益差異。未必一教而能周其萬世之宜也。昔舜當五帝之末。其時漸薄。其人漸僞。聖人宜之。乃設五教。制五刑。各命官尸之。而契爲司徒。專布五教。遂遺後世。使率人爲善。而天下有教。自此始也。及周公之世。復當三王之際。其時益薄。其人益僞。而天下益難治。聖人宜之。遂廣其教法而備之。天下謂儒者之教。自周公起焉。其後孔子。述而載之詩書六經。(或云六藝)而儒之教益振。周季三代之政弊。善人恃術而費智。不善人假法而作僞。天下靡靡。役生傷性。而不知其自治。老子宜其時。更以三皇五帝道德之說。以救其弊。而天下遂有老子之教也。兩漢之際。視周末則愈薄。愈僞。賢與愚役於智詐。紛然相半。萬一雖習於老子之說。而不能甚通乎性命奧妙。推神明往來救世積昧。指其死生之所以然。天下遂有佛之教也。楊子曰。夫道非天然應時而造。損益可知也。是豈不然哉。夫自周秦漢魏。其薄且僞者。日益滋甚。皆儲積於後世之時。天其或資乃佛教以應其時。欲其相與而救世也。

不然何天人與其相感應久且盛之如是耶韓子泥古不知變而不悟佛教適時合用乃患佛老加於儒必欲如三代而無之是亦其不思之甚也夫三皇之時無教五帝之時無儒及其有教有儒也而時世人事不復如古假令當夏禹之時有人或曰古之治也有化而無教化則民化淳吾欲如三皇之世用化而不用教當此無教可乎當周秦之時亦有人曰古之爲治用敎也簡今之爲治用儒也煩煩則民勞而苟且吾欲如二帝之世用敎而不用儒當是時無儒可乎然以其時而裁之不可無教無儒必也矣比之韓

子之說。欲後世之時無佛無老。何以異乎韓子曰。今其言曰。曷不爲太古之無事。是亦責冬之裘者曰。曷不爲葛之之易也。責飢之食者曰。曷不爲飲之之易也。韓子其亦知後世不可專用太古之道。而譏其言之者。不知乎時之宜也。方益後世。而韓子欲無佛與老。何爲迺自反。不知其時之宜耶。豈有所黨而然耳。將欲蔽而特不見乎。若夫四民之制。六家食用之費。吾原教論之詳矣。今益以近事較之。周漢而來。治天下垂至於王道者。孰與唐之太宗。當正觀之間。佛與老氏。其教殊盛。其人殊繁。其食用殊廣。而國之斷獄

卒歲死刑者不過三十人東至于海南至嶺外皆外
戶不閉行旅不齎糧玄宗開元中天下治平幾若正
觀之時而佛老之作益盛是豈無佛老之人耶而唐
天下富羡攘竊杜絕若爾吾謂民窮且盜但在其時
與政非由佛老而致之也然佛教苟可以去之則唐
之二宗以其勢而去之久矣烏得後世之人訩訩徒
以空言而相訾也或謂韓子善擯佛老而功侔於禹
較其空言實效無乃屈於禹乎狂夫之言何其不思
也其曰今其法曰必棄而君臣去而父子禁其相生
養之道以求其所謂清淨寂滅者也此乃韓子惡佛

教人出家持戒遂尤其詞夫出家修道豈如是之酷耶夫出家者出俗從眞臣得請于君父肯命其子乃可非叛去而逆棄也持戒者唯欲其徒潔淸其滛嗜之行俗戒則容其正偶非一切斷人相生養之道也然情之爲累滛累爲葷諸教教人愼滛窒欲無欲而天下猶紛然溺於滛嗜至于喪心陷身者也韓子何必恐人男女之不偶見人辟穀遽憂其遂絶五穀之種無乃過慮乎夫淸淨謂其性之妙湛寂謂至靜滅謂滅其情感之累非取其頑寂死滅之謂也夫出家持戒者佛用其大觀耳聖人大觀乎人間世天地夫

婦常倫萬端皆以情愛所成都一浮假如夢合斯著斯苦斯樂斯榮斯辱斯徇斯弊斯恩愛斯煩惱斯以至死不覺其爲大假大夢不知其爲大患而大蠹至正之妙誠乎亡矣出家者乃遠塵絶俗神專思一固易覺而易修眎身無我奚著眎心無意奚貪眎有爲之事不足固何必狥是故大蠹矣至正矣勝德可得而聖道可成也語曰子絶四毋意毋必毋固毋我老子曰吾所以有大患者爲吾有身及吾無身吾有何患是二者與佛出家法其因似是唯大聖人皆知而究之使聖人只徇浮世迷不知出虛死生一世與凡

人何遠乎故孔子稍言之蓋微存於世書耳其廣說大明研幾極妙行而效之若待乎佛出世之教宜爲然耳此蓋可以冥數審也今佛以其出家持戒特欲警世之浮假大夢揭人業障而治其死生之大患也而韓子反以此爲患者假其介冑其障者而毅然排佛謂佛詭擾我世治此韓子以己不見而誣人之見其情弊如此之甚也佛尚何云異書云古有夢國舉其國人皆以夢而爲覺及其以眞覺者諭之而僞覺之人反皆詬曰爾何以夢而欺我耶彼覺者默然無如之何是頗與韓子屬拒佛類也韓子詩曰莫憂世

事兼身事須著人間比夢間是必因於大顛稍省乃信有外形骸以理自勝者始爾雖然其前說已傳欲悔言何及也又曰嗚呼其幸而不出於三代之後不見黜於禹湯文武周公孔子也其亦不幸而不出於三代之前不見正於禹湯文武周公孔子也此韓子疑耳無斷君子臨事即以理決之何必賴古人使韓子出入爲將相臨國大事尚曰此未可黜未正于禹湯文武周公孔子猶豫則其大事去矣何用將相爲夫百行潔身禁非不出乎齋戒也羣善致政不出乎正心也佛法大率教人齋戒正心無惡不斷有善不

宰。今世後世。蓋當有聖賢。自以其道理辨。奚必其既死之文武周公正之黜之。乃爲信耶。儒書之言性命者而中庸最著。孔子於中庸特曰質諸鬼神而不疑百世以俟聖人而不惑。質諸鬼神而無疑。知天也。百世以俟聖人而不惑。知人也。是必俟乎大知性命之聖人。乃辨其中庸幽奧而不惑也。然自孔子而來。將百世矣。專以性命爲教。唯佛者大盛於中國。孔子微意其亦待佛以爲證乎。不然。此百世復有何者聖人。太盛性命之說。而過乎佛歟。斯明孔子正佛。亦已效矣。韓子何必疑之。又曰斯何道。曰斯吾所謂道也。非向所謂老與佛之道也堯以是傳之舜舜以是傳之禹禹以是傳之湯湯以是傳之文武周公孔子孔子傳之孟軻軻之死不得其傳焉按韓子此文乃謂堯舜禹湯文武周公孔子孟軻九聖賢皆繼世相見以仁義而相傳授也若禹與湯湯與文武周公周公與孔子孔子與孟子者烏得相見而親相傳稟耶哂韓子據何經傳輒若是云乎孟子曰舜禹至乎湯五百有餘歲湯之至乎文王五百有餘歲由文王至乎孔子五百有餘歲由孔子而來至今百有餘歲而禹湯文武周公孔子孟軻其年世相去縣邈既若此矣而

韓子不顧典籍徒尊其所傳欲其說之勝強而不悟其文之無實得不謂謾亂之也而韓子之言可尚信乎論語謂堯將傳天下于舜乃告之曰咨爾舜天之曆數在爾躬允執厥中舜亦以命禹而堯舜禹其傳授如此未聞止傳仁義而已至于湯文武周公孔子孟軻之世亦皆以中道皇極相慕而相承也中庸曰從容中道聖人也孟子亦曰中道而立能者從之豈不然哉如其不修誠不中正其人果仁義乎如其誠且中正果亡仁義耶韓子何其未知夫善有本而事有要也規規滯迹不究乎聖人之道奧耶韓氏其說

數端。大率推乎人倫天常。與儒治世之法。而欲必破佛乘遠教。嗟夫。韓子徒守人倫之近事。而不見乎人生之遠理。豈暗內而循外歟。夫君臣父子昆弟夫婦者。資神而生。神有善惡之習。而與神皆變。善生人倫。惡生異類。斯人循法不循法。皆蔽一世。茫乎未始知其身世。今所以然也。謂生必死。死而遂滅。乃恣欲快其一世。雖內自欺。亦莫知媿乎神明焉。及乎佛法教人內省不滅。必以善法修心。要其生生不失於人倫。益修十善。蓋取乎天倫。其人乃知其萬世事之所以然。上下千餘載。中國無賢愚。無貴賤高下者。遂翕然

以佛說自化縱未全十善而愼罪募福信有冥報則
皆知其心不可欺此屬幾滿天下今里巷處處所見
者縱然佛猶於高城重垣闢其門而與人通其往來
者若於大暗之室揭其窓牖而與人內外之明也比
以詩書而入善者而以佛說入者益普益廣也比以
禮義修身名當世者而以善自內修入神者切親也
益深益遠也較其不煩賞罰居家自修其要省國刑
法而陰助政治其效多矣此不按而不覺耳彼悟浮
生謂死生爲夢爲幻而出家修潔以其道德報父母
爲重甘旨之勤爲輕者是亦生人萬分而其一乃爾

也。雖然。猶制其得減衣資以養其親非容其果棄父母也。夫佛之設法如此。其於世善之耶。惡之乎。其於人倫有開益耶。無濟益歟。與儒之治道。其理教乎順耶。韓子屬。盍深探而遠詳之。老子之教。雖其法漸奧。與佛不侔。若其教人無爲無欲。恬淡謙和。蓋出於三皇五帝之道也。烏可與楊墨槩而排之。孔子以列聖大中之道斷天下之正。爲魯春秋。其善者善之。惡者惡之。不必乎中國夷狄也。春秋曰。徐伐莒。徐本中國者也。既不善則夷狄之。曰齊人狄人盟于邢。狄人本夷狄人也。既善則中國之。聖人尊中國而卑夷狄者。

非在疆土。與其人耳。在其所謂適理也。故曰。君子之於天下也。無適也。無莫也。義之與比。若佛之法。方之世善。可謂純善大善也。在乎中道。其可與乎。可拒乎。苟不以聖人中道。而裁其善惡。正其取舍者。乃庸人愛惡之私。不法。何足道哉。

鐔津文集卷第十四

音釋

蟾蜍 下音余　挺 達鼎切拔也　揩 可皆切

鐔津文集卷第十五

藤州鐔津東山沙門契嵩撰

非韓中

第二

始眎韓子原道。止以仁義爲道德。謂韓子如此。當絕不識儒之道德也。其後見彼顏子不貳過論曰。聖人抱誠明之正性。根中庸之正德。又引中庸曰。自誠明謂之性。自明誠謂之教。又曰。皆謂不能無生於其心。而不暴之於外。考之於聖之道。差爲過耳。夫中庸誠明者。眞聖賢道德仁義百行之根源也。如此。韓子固亦知有中庸誠明之道德。原道何故棄之而不言也。謂人不足與知此道耶。謂人固不可忽歟。或將匿善而不盡言耶。君子固不可匿善也。是必韓子徒見其誠明中庸之語。而心未通其理乎。然理最爲幾微精審而不易至也。七十二子之徒。孔子於此獨與顏淵。乃曰其殆庶幾乎。而顏子至之故其言鮮過。今韓子推本乎聖人之道德仁義與人。何尚其文字前無後有。自相反亂。是可謂至其至乎。心不達誠明中庸至理。雖益著書。可傳以爲法乎。

第三

韓子取孔子所謂惟上智與下愚不移。與其曰中人以上可以語上也。中人以下不可以語上者爲性。而著原性曰。性之品有三。而其所以爲性者五。曰何也。曰性之品有上中下三。上焉者善焉而已矣。中焉者可道而上下也。下焉者惡焉而已矣。其所以爲性者五。曰仁曰義曰禮曰智曰信。上焉者主於一而行之四。中焉者之於五。一也不少有焉則少及焉。其於四也混。下焉者之於五也。反於一而悖於四。謂上焉者善也。故能行其五者之道。中焉者可道而爲善惡也。其於五者雖不甚有亦可進而及之也。下焉者惡也。

其於五者反悖而不能爲之也性之於情視其品情之品亦有上中下三其所以爲情者七曰喜曰怒曰哀曰懼曰愛曰惡曰欲上焉者之於七也動而處其中中焉者之於七也有所甚有所亡然而求合其中也下焉者之於七也亡與甚直情而行也然韓子如此而言善惡之者與夫佛老之言同乃特異其說也夫性豈止佛老乎天下之人皆得蓋至公之道者也烏可私之而臆說耶噫韓子惡佛老遂至以其性命而曲說何其愛惡如是之甚乎夫孔子所謂惟上智與下愚不移者蓋言人之有才智與聰明及愚冥而

無識耳。非言性也。夫智之與愚。乃其性通塞之勢耳。非性命之本末。若夫性者。卽在物靈焉而有知者是也。今天下之人靈然。利至而知趨。害至而知避。孰不皆然。豈有上下之別耶。但其所知有遠邇。其能有多寡。是蓋通塞之勢異爾。論語所謂性相近者。蓋言其性則同也。曰習相遠者。蓋言其因學習。故則人善惡異矣。其後曰唯上智與下愚不移也者。是亦承會前語之意耳。謂人苟不爲不善之習所移易者。唯是上智高才者也。不爲善習而卒易者。亦唯是下愚絕頑者也。此外罔不由其所學習而爲善爲惡也。是亦聖人篤於勸教而化之也。夫上焉者聖人也。下焉者愚人也。善惡者好惡也。好惡與生皆生。人皆有之。豈聖人唯好。而愚人唯惡。苟曰聖人愚人。皆有好惡。是善惡均也。豈上者唯善。下者唯惡乎。韓子必謂上智與下愚不移。爲上下之人。其性善惡。各已定矣。何孔子旣曰性相近習相遠。謂人性之不差遠。又曰唯上智與下愚不移。謂人性之善惡各定。豈聖人之言。前後不相副反覆而如此也。不直不相副。抑亦非示教也。謂聖人之言反覆可乎。韓子讀書。不求其文之意如何耳。乃輒劾其語。遂以爲立言。夫仁義五常。蓋人情之善者也。而韓子不審知。乃曰所以爲性者五。彼徒見五常者出於性。而遂以爲性。殊不知性之所出者皆情也。今問其人曰。爾爲五常仁愛。與爾七情愛惡之愛。異耶同乎。是必曰同也。爾五常好仁義之好。與爾七情喜好之好。同乎異耶。是必曰不異也。如此則韓子之謂五謂七。謂善謂惡者。豈不皆情耶。胥在乎情而始處性之邊徼也。韓子之所師者孔子也。欲爲書安得不審其師之言。而然後發。何輒作謬乎聖人之意也。如此孔子之言性曰。人生而靜天之性也。感物而動性之欲也。又曰寂然不動。感而遂通天下之

故夫人生而靜者寂然不動者是豈非人之性唯寂
唯靜何嘗有善有惡有其品乎夫感物而動性之欲
者感而遂通天下之故者豈非接乎外物乃成其善
惡之情耶中庸曰喜怒哀樂未發謂之中發而皆中
節謂之和中也者天下之大本也和也者天下之達
道也是亦備見乎情性之分矣嗚呼古聖人其言情
性如此之效白而後世不遵競務異而苟爲其說雖
欲求異乎佛老殊不識大悖其師之言而亂乎聖人
之道也易曰利貞者性情也者謂性正也情邪也必
以性制情乃中正也後之學者方不知其性乃爲狂

爲悖爲邪爲佞爲貪爲惑鮮有成其德性者也豈堪立言垂法者乃復以情以性不辨其眞僞而傳之其人吾恐夫益惑也聖人之道斯將廢矣

第四

韓子作原人曰形於上日月星辰皆天也形於下草木山川皆地也命於其兩間夷狄禽獸皆人也曰然則吾謂禽獸人可乎曰非也指山而問焉曰山乎曰山可也山有草木禽獸皆舉之矣指山之一草而問焉曰山乎曰山則不可也故天道亂而日月星辰不得其行地道亂而草木山川不得其平人道亂而夷

狄禽獸不得其情。天者日月星辰之主也。地者草木山川之主也。人者夷狄禽獸之主也。主而暴之。不得其爲主之道矣。是故聖人。一視而同仁。篤近而舉遠。噫。韓子何爲言之不辨也。謂韓子善著書。吾不知也。彼其意亦類乎祭統曰。夫人生於天地之間者。皆曰命。其萬物死。皆曰折。人死曰鬼。如孔子曰折曰鬼者。蓋分辨乎人與禽獸草木異矣。韓子雖曰吾謂禽獸人可乎。曰非也。指山而問焉。曰山乎。曰山可也。山有草木禽獸皆舉之矣者。欲以別其禽獸與人。而文不分明。而取喻不切。當韓子之意。其實謂人與夷狄禽獸皆同其性命之道也。不直云爾，是必欲異乎他教之說也。然韓子如此而異，亦猶狙公賦芧曰朝三而莫四，朝四而莫三，果何能爲異耶。其曰人者夷狄禽獸之主者，此又混湧，盖不足爲訓也。韓子苟謂人爲血氣之主，彼夷狄者亦人爾，自可主乎禽獸也，安得謂如禽獸而主乎人耶。然禽獸亦非人爲之主也，萬類各自有其主焉。人自主於其人類之長，禽獸亦乃自主於其類之長者也。天下何有禽獸馴狎人而爲之主耶。彼韓子苟恤乎夷狄禽獸與吾同其性命，欲人不暴之也，爲之原人當曰人者夷狄禽獸之同其生也。同生而暴其生者。不得其所以爲生之道也。如此則庶幾可乎。

第五

韓子爲本政曰。周之政文。既其弊也。後世不知其承。大敷古先。遂一時之術。以明示民。民始惑教。百氏之說以興。又曰。聞於師曰。古之君天下者。化之不示其所以化之之道。及其弊也。易之不示其所以易之之道。政以是得民。以是淳其有作者。知教化之所繇廢。抑詭怪而暢皇極。伏文貌而尙忠質。茫乎天運。窅爾神化。道之行也。其庶已乎。韓子此說。豈非厭以文之過惡爲敎之有迹者也。然其言。似欲天下如三王之政。以文質相救。又若欲天下如三皇以易簡之道以爲化。其言不端倪。令學者惑之。韓子苟欲如三王之政則三王安得不示其所以政之之道耶。苟欲如三王之無爲。其茫乎天運。窅爾神化。則類乎老子之所謂其道德者也。如古之君天下者。化之而不示其所以化之之道者。莫盛乎伏犧神農黃帝三皇氏者也。三皇乃老氏之道之所師宗者也。韓子當識老子謂其道德而爲一人之私言也。老氏之說果私。則韓子斯言。烏得爲公耶。韓子爲書。何其不思不審。而如此也。使學者何以考而爲法。

第六

韓子作原鬼。謂適丁民之有是時也。故原鬼爲其辯之也。噫。鬼何必原乎。使民不知鬼於政何損也。使民知鬼於教亦何益耶。古之君子以道辯惑。以政平妖。如斯而已矣。昔殷政弊。而其民以鬼。先王患而殺之。殺或救字以鬼者。謂其多威儀。似乎事鬼神者也。况又原鬼眞以鬼而示民。豈先王之法乎。語曰。未能事人。焉能事鬼。韓子之爲言。不唯悖先王之道。抑又昧乎孔子之意也。謬乎甚哉若此也。

第七

韓子爲獲麟解曰。麟之出。必有聖人在乎位。麟爲聖人出也。聖人者必知麟。麟之果不爲不祥。此謂麟爲孔子出。孔子知麟。麟爲祥。以解夫魯人昔謂麟爲不祥者也。韓子之所謂。何其未識經也。麟所以興春秋。苟不能發明孔子作春秋之意。何用解麟。夫麟學者亦能辯之也。孔子聖人。豈止能知麟爾。言麟謂孔子出者。苟取雜家妄說。無經據謬論也。韓子爲知聖人稱麟。非徒爲其出不出也。昔孔子因麟而作春秋者。蓋以麟鳳四靈。大率係於王政。故禮運曰。聖人作則四靈以爲畜孔子之時。周室積衰。王道已絕。有麟而無政。聖人感此。遂以度吾將存乎王法也。故其書起於平王，而絕筆獲麟。而杜預注獲麟。其說漫漶不決。旣曰麟爲聖王之嘉瑞。又曰時無明王。感嘉瑞而無應。旣無明王，何以感其出耶。此蓋杜氏不能考其出不出之意也。禮運孔子謂聖王之政大順。故鳳皇麒麟。皆在郊棷。龜龍在宮沼。郊謂其逼王城也。棷謂其樵薪之淺叢也。謂大順所感。則麟鳳如其所畜養也。此言處乎近郊樵薪之間耳。其謂麟之出也如此。左氏曰。西狩大野獲麟。大野者。蓋魯之大澤也。其荒遠險絕。際楚之雲夢。吳之具區。皆天下所謂十藪者也。然深山大澤。固謂物之所隱伏也。麟不幸爲罾搜而致之。豈感而自出耶。吾故曰麟未始出。必謂此爲麟之出也。則禮運孔子之言爲謬矣。聖人豈謬乎哉。經曰西狩獲麟。麟不自然而出可知也。聖人筆此非善之之謂也。春秋凡稱獲者。不單訓於得。蓋兵戈剋勁得勝之謂也。經曰。獲晉侯之例是也。今曰西狩者。蓋惡其非時而暴物也。獲麟乃有譏耳。異義者曰。孔子修春秋。立言爲素王之法。麟乃應之。或曰興者爲瑞。亡者爲災。謂麟爲後代受命者之符瑞。此皆經傳所

不見載苟以臆裁殊不足取之謂孔子爲素王其誣聖人之甚也

第八

韓子以三書自薦求用於宰相吾讀之未始不爲歎息世謂韓子若繼聖之賢之出也余謂聖賢進退語默動有師法不宜與常士相浮沉也古之士皆欲用非其禮不與之用三代之士仕以天下自任無如伊尹周之末憂天下無如孔子戰國之時欲行其道無如孟軻雖然皆以禮聘而爲政不聞以書自舉而求其用也禮曰儒有席上之珍以待聘夙夜强學以待

問懷忠信以待舉力行以待取語曰夫子溫良恭儉讓以得之夫子之求之也其諸異乎人之求之歟陳子謂孟子曰古之君子何如則仕孟子曰所就三所去三迎之致敬以有禮言將行其言也則就之禮貌未衰言弗行也則去之云云夫古之聖賢待而不求也如此待而不求蓋貴義而守道也此其所以爲聖賢也韓子既不能守道而貴義如古之聖賢也又以書而自舉於其上固宜恭其言平其氣自道可也烏得躁以忿遽非人之政治耶孔子曰言未及之而言謂之躁又曰今之矜者忿戾韓子推周公之事而較

其時之政治。非其不至。夫身未及居位。而輒誚其政。非躁乎。自舉不得而責人。非矜乎。忿耶。儒行曰。澡身而浴德。陳言而伏。靜而正之。上弗知也。麤而翹之。又不急爲也。陳言而伏也者。謂儒有所陳說。必伏而待上之命也。靜而正之也者。謂雖不得命。必靜而守之正。不以傾躁也。上弗知麤而翹之。又不急爲也者。謂已雖有善言正行。上弗之知。則同其顏色麤畧而發之。不必急暴而爲也。聖人如此之謂。蓋欲人遵禮而遠辱也。遵禮所以爲儒也。韓子慕孔子謂爲純儒。而其所爲。反聖人之法如此。可謂眞儒乎。不雅不至於儒。亦恐誤後世之人失禮而招辱也。韓子之書。欲其朝廷因已爵祿。以誘致天下遺逸之士。韓子以此言待天下。何其淺且謬也。天下固亦有不隕穫於貧賤。不充詘於富貴。大能守道抱節。而賢過韓子者。如傅說諸葛亮輩。傅說諸葛亮。豈止因人而遽來。徉徉然以趨祿利耶。此猶畧舉其世之聞見之盛者。時主可以禮義誠聘而致之有爲者也。況有沉名絕迹。逃越世網者耶。蓋有視分國如錙銖。而不臣不仕。若泰伯伯夷者。雖爵命百返。蔑如也。韓子亦何能誘而致之乎。吾恐韓子之策。未必能爲國家取其至賢者也。韓子曰古之人三月不仕則相弔此引孟子滕文公下章初答周霄之問也韓子徒畧孟子之言〔畧或作掠〕而不能以盡其意其卒章孟子乃曰古之人未嘗不欲仕也又惡不由其道不由其道而往者與鑽穴隙之類也其意正謂士雖急於仕也亦待其命而用不可苟進而求用也苟進而求用者固如男女不待父母之命媒妁之言鑽穴隙相窺踰牆相從爲人之所賤者也今韓子自薦而求用乃援孟子此章爲諭何忽自彰其失禮亡義也哉吾聞古者欲有所見唯以其所贄而前天子則贄鬯諸侯則贄玉卿則贄羔大夫則

贄鴈士則贄雉故孟子曰孔子出疆必載質不聞以書而見其上者蓋後世者之苟爲也漢孝武時四方之士如東方朔之徒矜誕衒鬻蓋以書而自薦天下乃相效靡然而成風孟子謂自鬻以成君鄉黨自好者不爲而謂賢者爲之乎然而孰嘗以此而爲媿也嗚呼後世益衰風敎浮薄愈甚學者以藝相夸以能相勝傲誕自大孰不然也溫良恭儉讓其道殆廢當是時韓子固宜力行聖人之道以身率先天下而正其風俗可也又從事其事而矜夸忿躁愈盛後生者學不知根本徒見韓子之書乃相謂曰韓子大儒吾

輩宜傚其所爲也。如此不唯益損其風教。抑又害其
臣之節。辱其人之身。故曰韓子之書不法。吾無所取
也。或曰。韓子之時。其取士之道異乎古也。韓子蓋因
其時而爲之也。必若守古之道。待其聘而後用。士君
子之道。必至死而不得其行也。曰不然。韓子尙以周
公之道。而責其時之宰相。當是何不念今之時與古
異矣。不可以古道而求今也。豈謀身卽謂隨時。而責
人卽謂必如古道。君子果如是爲意耶。然聘士之禮。
何世無之。唐之時。亦尙聞以禮而詔其隱者也。豈有
遺聖賢而不聘耶。語曰。不患無位。患所以立。不患莫

已知。求爲可知也。此韓子之徒。亦宜思之也。

第九

韓子爲對禹問。謂禹雖以天下傳之子。而其賢非不及乎堯舜傳賢之賢也。予少時著評讓。初亦取韓子所謂禹傳子之說。其後審思之。卽考虞夏之書。竟不復見禹傳賢傳子之說。惟孟子曰。禹薦益於天。七年。禹崩。三年之喪畢。益避禹之子於箕山之陰。朝覲獄訟者。不之益而之啓。曰吾君之子也。謳歌者不謳歌益而謳歌啓。曰吾君之子也。及證之史。夏本紀。太史公亦謂禹以天下授益。益讓啓。天下遂奉啓以爲君。

此始明禹未嘗自以其天下與之子也。荀卿楊雄雖皆有傳授之事。亦未始稱禹自與其子之天下也。因怪韓子踈謬。不討詳經史。輒爲此言。假謂韓子苟取百家雜說。謂禹與子天下。其賢不減於堯舜也。又與禮運之言不類。禮運謂大道之行。天下爲公者。以其時爲大同。謂大道既隱。天下爲家者。以其時爲小康。而鄭氏解曰。天下爲公者。禪讓之謂也。天下爲家者。謂傳位於子也。夫禪讓既爲大同。而家傳之時乃爲小康。而禹苟果以天下與之子。其爲賢也。安得不劣於堯舜耶。韓子雖欲賢禹。而反更致禹之不賢。然韓子揣堯舜禹所以傳授而乃爲其言曰堯舜之傳賢也欲天下之得所也禹之傳子也憂天下爭之之亂也又曰堯以傳舜爲憂後世禹以傳子爲慮後世何其文字散漫不曉分而如此也然得所即不爭爭即不得所也憂猶慮也慮猶憂也其爲義訓亦何以異乎大凡爭鬭其必起於私與不平也旣謂禹欲使後世不爭乃當不與其子於事理爲得也旣與之子安得制其不爭之亂耶禹之後及其子孫方二世而羿遂奪其天下而有之與寒浞輩絫絕夏政幾二百年少康立乃稍復夏政繼禹之道也所謂不爭安在耶

夫禹聖人也豈聖人而不識其起爭之由耶韓子雖苟爲此說而不累及夫禹乎語曰巍巍舜禹之有天下也而不與焉孔氏之注迂疎固不足發明乎聖人之意此乃謂舜禹雖有天下不我私而有之皆謂常有所讓也不幸禹之禪讓其事不果遂乃與其子相承而有天下孔子以其世數姑列禹於三代之端故禮運曰禹湯文武成王周公由此其選也然而堯舜禹其則未始異也夫天下者天下之天下也與賢與子而聖人豈苟專之而爲計乎苟當其時天下之人欲以天下與之賢而堯舜雖欲傳子不可得也當其

時天下之人欲以天下與之子禹雖欲傳賢亦不可得也故時當與賢則聖人必與之賢時當與子則聖人不能不與之子聖人之傳天下也正謂順乎時數人事而已矣豈謂憂之慮之爲後世强計而與其天下異也堯謂舜曰天之曆數在爾躬舜亦以此命禹禮曰堯授舜舜授禹湯放桀武王伐紂時也是故易曰天下隨時之義大矣哉韓子之說無稽何嘗稍得舜禹傳授之意歟嗚呼謬哉

第十

韓子旣謫潮州乃奏書謝天子因諷其天子封禪謂

已文章可以振錫功德編乎詩書而不讓古人吾竊笑韓子所發輕率而事不稽古封禪乃國家大典帝王之盛事臣子平時猶不可使人主遽爲況乎在其斥逐齟齬而輒言之韓子豈善自宜之耶如陸贄以宰相黜忠州十年杜門絕人事不復爲私書贄不唯能愼蓋亦知其自不當預朝廷之事也陸公可謂識大體矣若夫封禪者非二帝三王之事也其始於秦之始皇而甚乎漢之孝武其事勢雄侈貲費蓋百巨萬禮度與古所謂類上帝望山川豈等耶當時儒者雖引舜典至於岱宗柴望秩於山川之義以傅會其

說似是而非殊不得實復援管夷吾對齊桓公封禪之言是亦非出二帝三王之書也漢書稱倪寬議封禪曰然其薦享之義不著于經誠然也昔太史公雖以之爲書蓋避其當時依違不敢灼然是非第曰余從巡祭天地諸神名山而封禪焉退而論次自古以來用事於鬼神者具見其表裏後有君子得以覽焉至于班固議論郊祀至封禪或可或否亦不灼然是之非之但推谷永之奏爲正後世宜有卓識賢者毅然推二帝三王之制度折中夫秦漢舊事以俟乎後世之爲封禪者可也吾嘗慨先儒如楊子雲之徒徒

善著書是非今古萬世而卒不及此文中子雖稍辯之欲譽隋之封禪者而其說甚畧於穆後世如有功德不充符瑞未至輒以其法而苟爲之者其何以質之耶韓子平生自負謂能專二帝三王之道而善斥百家古今之謬妄安得一朝稍黜乃自衰謬反以秦皇漢武之雄侈夸誕者以事其君乎韓子其所守如何哉就令其君稍有功德可封禪也猶宜斟酌比較太宗之時而然後舉之唐之文皇帝平數百年之積亂獨振王道其功德崇盛宜比乎禹湯文武雖漢之文景尚恐其不足預其所有如此太宗猶不敢議封

禪。故曰如朕本心。但使天下太平。雖缺封禪。亦可比德堯舜。如百姓不足。雖修封禪。亦何異桀紂。昔秦始皇登封岱宗。奢侈自矜。漢文竟不登封。躬行儉約。今皆謂始皇爲暴虐之主。而漢文爲有德之君。由此而言。無假封禪。唐太宗可謂聖賢有道之君者也。而章武之時。其治道功德符瑞。其勝於太宗乎。不直不勝。亦恐不及正觀之風遠矣。而韓子乃欲其封禪何其不思之甚也。然則秦漢之封禪者。豈專告其成功於天地耶。乃慕神仙求長生永壽而爲之者也。是故其書曰。封禪卽不死黃帝是也。又曰。上封則能僊登天矣元和之末天子方惑神仙長生之說引方士柳泌服餌其金丹而爲患殊甚況又推秦皇漢武欲其重之韓子舉事其見幾乎豈其遭斥逐窮窘欲媚人主以自苟解免歟中庸曰君子素其位而行不願乎其外素富貴行乎富貴素貧賤行乎貧賤素夷狄行乎夷狄素患難行乎患難君子無入而不自得焉斯謂所向苟不失其理皆可安之而無以寵辱禍福亂其志也明夫君子能以中庸而異於小人也昔孫叔敖相楚三進三黜而無喜慍之色白居易斥潯陽不以遷謫介其意二子如此蓋亦以中庸而自處也韓子

旣勇於言事方降爲郡吏乃擧動躁妄矜夸嗟咨不能少安不及孫子白樂天也遠矣

第十一

韓子與馮宿書論文謂人不知其文遂自比楊子雲爲太玄之時乃引雄之言曰世不知我無害也後世復有楊子雲必好之矣因謂子雲死近千載竟未有楊子雲可歎也其時桓譚亦以雄書勝老子老子未足道也子雲豈止與老子爭彊而已乎此不爲知雄者其弟子侯芭頗知之以爲其師之書勝周易然侯之他文不見於世不知其人果何如耳以此而言作

者不祈人之知也明矣。已上皆退之文吾視此未嘗不撫書而爲其太息。謂韓子可賢耶。何其爲言之易也。夫聖賢之所以著書。豈欲與人爭疆乎。聖賢唯恐道不明而人不治。故爲之書。欲以傳其道也。豈意與人爭疆也。不爭而乃有所爲耳。夫以其所爲。而與人欲爭疆鬬勝者。此特流俗使氣不逞者之所尚也。聖賢如此而爲。其去衆人也何遠哉。其道至。自形人之不至。其言是。自形人之不是。其人有知。遂自服而尊美也。豈有爭之而得人尊美乎。自古著書而其文章炳然藹如也。孰如孔子。而孔子曰。文莫吾猶人也。聖人豈以其道而苟勝乎中庸曰寛柔以教不報無道南方之强君子居之是豈以爭之而爲强耶語曰由也兼人故退之是聖人豈欲儒者而與人爭彊乎韓子師儒爲言不類其法不亦悞後世之學者也若老子之書其所發明三皇五帝之道德者也其文約而詳其理簡而至治國治家修身養神之方出師用兵之法天地變化之道莫不備之矣孔子嘗從事而師問其人豈非以其如此也而老子豈易勝之乎又況其所尚以不爭爲德也子雲平生學問於蜀人嚴遵君平故其法言盛稱於君平君平乃治老子者也及子雲爲

太玄乃以一生三爲創制之本是亦探老子所謂一生二二生三者也（此說見太玄解義）故子雲曰老子之言道德吾有取焉耳雄書之宗本旣出於老子而謂玄勝老氏亦其末之思也然桓譚豈爲能知子雲乎而韓子乃援桓譚之言則已可笑矣乃又曰其弟子侯芭頗知之以爲其師之書勝周易此又韓子之大謬矣若雄之太玄設方州部家四位者乃易之四象六畫耳布八十一首者易之六十四卦也二百四十二表存之而不盡書者依周武口訣也展七百二十九贊者乃易之三百六十爻耳其本不出乎陰陽二儀其

生尅不出乎七八九六五行之數。其紀綱不出乎三極之道。而雄之書。大底資易而成之耳。其法言曰。其事則述。其書則作。漢書稱雄亦曰以爲經莫大於易。故作太玄。皆斟酌其本。相與放依而馳騁云。吾嘗治易。得其四象八卦之數。凡玄之所存者。六氣。五行。三才。七政。四時。十二月。二十四節。七十二候。五紀。五方。五神。五音。十二律。九宮。十日。十二辰。莫不統而貫之。蓋聖人含章天機。秘而不發耳。至漢而焦贛京房輩輒分爻直日。而易之道遂露矣。子雲蓋得意於焦氏之分爻也。復參之以渾天之法。然其巧思推數自起其端。爲位爲首爲贊。以鈐乎一歲。倣易以占天人之事。此其賢也。夫易者資河圖洛書以成之。蓋天地自然至神之法。非聖人之創制也。然非聖人亦不能發明之。雖其時世更歷三古。藉聖人發揮者九人焉。唯伏犧文王孔子。事業尤著。若子雲之書。其始何出。而何得之。其爲書之人。何如於伏犧文王仲尼乎。然玄之法。蓋出於人之意思經營之致耳。與夫天地自然之道。固不可同日而言哉。子雲之賢。不及伏犧文王孔子。雖童蒙亦知其然也。而韓子以侯芭爲頗知之。而謂玄勝易。何其惑之甚也。晉書謂王長文嘗著書號通玄。有文言卦象。可用卜筮。時人比之楊雄太玄。是亦可謂勝易乎。彼侯芭者。尚不知其師之所祖述。何妄爲之說。掩抑聖人之經。亂後世學者之志。非細事也。此足以識芭之狂愚何甚也。不必待見其他文。而知其爲人也。韓子於此當辨斥之。以尊證聖人之道可也。乃更從事其說。苟以資其自矜。儒者果當爾耶。吾恐以文爭强。而後生習爲輕薄。人人無謙敬之德。未必不自韓子之造端也。吾嘗謂楊子。因易以成書。其謂述之可也。不應作經。自爲其家。與夫大易抗行。孔子述而不作。信而好古。竊比於我老彭。仲尼猶不敢作。子雲乃作之歟。漢書謂諸儒譏楊子。非聖人而作經蓋亦以其不能尊本也何復用其書勝易以重儒者之相非耶。

第十二

韓子以上書斥佛骨。得罪謫之潮陽。舟過洞庭湖。懼謫死。乃求祐於黃陵二妃之廟。韓子自謂比之聖賢正直。不徇邪斥佛。何遽乞靈於婦人之鬼耶。昔孔子疾病。子路請禱。子曰。丘之禱久矣。夫聖賢乃自信其誠。素合乎天地神祇也。不待禱而求福。韓子禱之。其亦有所未合乎。及其得還。乃出財治其廟以具禮物祀之。爲書以誌其事。夫黃陵廟者。古今相傳。云二妃從舜南巡有苗道死。遂瘞洞庭之山。由是廟焉。然此但世俗相傳耳。雖稍有所見。皆雜家或辭或志。非六藝備載。舜典唯曰陟方乃死。檀弓亦止曰舜葬蒼梧之野。蓋二妃未之從也。他書或曰二妃葬於衡山。或曰洞庭山二女所居。自天帝之女也。非舜之妃也。韓子自負師經。爲聖人之徒。當此宜執經以正其世之疑訛可也。反從事而益爲其說。孔子曰。非其鬼而祭之者諂也。二妃其事未正。復非已祖禰。而韓子事之。韓子不信佛。而方遭毀佛骨之譴。何苟欲鬼神之福

也如此而不畏夫孔子之言耶

第十三

韓子爲處州孔子廟碑以孔子社稷句龍棄比而校其祭禮之豐約謂孔子以德得盛禮之祀勝於社稷與句龍棄其詞曰其位所不屋而壇豈如孔子用王者事巍然當座以門人爲配自天子而下北面拜跪薦祭進退誠敬禮如親弟子者云云夫社稷者用其達天地之氣正以不屋而壇爲尊爲喪國之社乃屋示絕陽而通陰戒之也故社稷屋之乃其辱耳韓子欲以社稷之無屋與孔子校其榮何其不知經之如

此耶。夫孔子者。自以其敎爲儒者之先聖。固當享其
釋菜釋奠之禮。焉可以句龍棄等比功德乎。是又韓
子其評論之謬甚也。

潭津文集卷第十五

廣西省第二圖書館藏書章
6873

鐔津文集卷第十六

藤州鐔津東山沙門契嵩撰

非韓下

第十四

韓子爲贈絳州刺史馬彙之行狀曰司徒公之薨也刺臂血書佛經千餘言期以報德又曰其居喪有過人行又曰愈既世通家詳聞其世系事業從少府請掇其大者爲行狀託立言之君子而圖其不朽焉馬彙者蓋北平郡王司徒馬遂之長子也司徒公之薨者乃其在父之喪也刺臂出血書佛經者在韓子當

辯乃從而稱之韓子殆始識知乎佛經歟夫父母之德昊天罔極而孰可報之今曰期以報德韓子其乃知佛之法有所至乎曰其居喪有過人行是亦高其能行佛之事也曰掇其大者以爲行狀託立言之君子而圖其不朽焉者韓子亦欲人皆勸而從事于佛乎吾考韓子爲行狀時其年已三十四五立朝近作博士御史矣韓子自謂素讀書著文其楊墨釋老之學無所入其心至此乃善彙爲佛氏之事豈韓子既壯精神明盛始見道理迺覺佛說之爲至耶其後之雖稍辯佛如辯佛骨事也將外專儒以護其名而內終默重

其道妙乎。不然。何徹至老以道理與大顚相善之殷勤而如彼也。夫佛乃人之至大者也。其可毀乎。攘毀之適足以自損。於佛何所傷也。雖然。原道先擯佛何其太過。而行狀推佛何其專也歟。韓子固亦不恆其德矣。注。韓子爲進學解。謂其陽斥佛老矣。故其作原道最在前。

第十五

余讀唐書見其爲韓子與李紳爭臺參。移牒往來。論臺府事體。而見愈之性愎訐。言詞不遜。大喧物論。及眂韓子論京尹不臺參答友人書。而其氣躁言厲。爭之也。噫。韓李皆唐之名臣。何其行事之際乃若此。唐之典故。御史臺則掌持邦國刑憲典章。以肅正其朝廷也。京兆府雖所管神州畿縣。其實乃一大州牧之事體耳。以其臺府較。則臺重於府矣。韓乃兼御史大夫。李正中丞。然大夫固高於中丞。而韓李互有其輕重也。此所以發其諍端矣。韓子見幾。初當避而讓之。可也。不然。姑從朝廷之舊儀。何乃使之輒爭。春秋時。滕侯薛侯。朝魯而爭長。孔子惡其無禮。書之。遺左丘明而發其微旨。聖人豈不因前而戒後乎。紳愈縱不能見幾稍悟。豈不念春秋之法而懼之耶。然李氏吾不論也。韓子自謂專儒。毅然欲爲聖人之徒。是亦知儒有爵位相先者。久相待。遠相致者。在醜夷不爭者。
又曰。君子矜而不爭者。韓子與公垂平生相善。始公
垂舉進士時。韓子乃以書稱其才。而薦諸陸員外者。
及此。正可推讓以顧前好。乃反爭之。喧譁于朝廷。而
韓子儒之行何有。故舊之道安在。使後學當何以取
法。假令朝廷優於韓子。詔獨免其臺參。韓子自當以
不敢虧朝廷之令式。固宜讓第。恭其禮貌。日趨於臺
參。彼李紳識者。豈不媿且伏也。彼欲嫁禍于二人者。
豈不沮其姦計。而自悔。豈不歸厚德稱長者於韓子
耶。是豈獨當時感媿乎。逢吉而已矣。亦垂於後世士

大夫之法也惜乎不能行諸以成就其德。豈韓子力不足而識不至耶。昔廉頗不伏其位居藺相如之下。宣言欲辱之而相如至每朝時。嘗稱疾不欲與頗爭列。余嘗愛相如有器識臨事守大體。太史公謂退讓頗名重丘山。宜其有重名也。較此。其賢於韓子遠矣。漢孝景之時。竇嬰。與田蚡。交毀而相爭。朝既出而武安侯怒御史大夫韓安國不專助己。安國因責蚡曰。夫魏其毀君。君當免冠解印綬而歸。可曰。臣幸得待罪。固非其任。魏其言皆是也。如此。則上必多君有讓德。今人毀君。君亦毀之。譬如賈豎女子爭言。何其無

大體也韓子當時雖幸無御史之責今其垂之史書而取笑萬世之識者其又甚於安國之讓也愼之哉愼之哉

第十六

韓子爲鱷魚文與魚而告之世謂鱷魚因之而逝吾以爲不然鱷魚乃昆蟲無知之物者也豈能辨韓子以文耶然使韓子有誠必能感動於物以誠即已何必文乎文者聖人所以待人者也遺蟲魚以文不亦賤乎人哉文之其人猶有所不知況昆蟲歟謂鱷魚去之吾恐其未然唐書雖稱之亦史氏之不辨也

第十七

韓子與孟簡尚書書曰。來示云。有人傳愈近少奉釋氏者。傳者之妄也。潮州時有一老僧。號大顛。頗聰明。識道理。實能外形骸。以理自勝。不爲事物侵亂。要自以爲難得。因與往來。及祭神至海上。遂造其廬。及來袁州。留衣與之別。乃人之情。非崇信其法。求福田利益也。噫。韓子雖強爲之言。務欲自掩。豈覺其言愈多。而其迹愈見。韓子謂大顛實能外形骸。而以理自勝。不爲事物侵亂也者。韓子雖謂人情且爾。亦何免已信其法也矣。夫佛教至論乎福田利益者。正以順理爲福得性如法不爲外物所惑爲最利益也韓子與大顛游其預談理論性已廁其福田利益矣韓子何不思以爲感乃復云云吾少時讀大顛禪師書見其謂韓子嘗問大顛曰云何爲道大顛卽默然良久韓子未及論旨其弟子三平者遂擊其牀大顛顧謂三平何爲三平曰先以定動後以智拔韓子卽曰愈雖問道於師乃在此上人處得入遂拜之以斯驗韓子所謂以理自勝者是也韓子雖巧說多端欲護其儒名亦何以逃識者之所見笑耶大凡事不知卽已不信卽休烏有知其道之如此信其徒之如是而反排

其師忍毀其法君子處心豈當然乎大顛者佛之弟子也佛者大顛之師也夫弟子之道固從其師之所得也韓子善其弟子之道而必斥其師猶重人子孫之義方而輕其祖禰孰謂韓子知禮乎又曰積善積惡殃慶各自以其類至何有去聖人之道捨先王之法而從夷狄之教以求福利也此韓子未之思也夫聖人之道善而已矣先王之法治而已矣佛以五戒勸世豈欲其亂耶佛以十善導人豈欲其惡乎書曰爲善不同同歸于治是豈不然哉若其教人解情妄捐身世修潔乎神明此乃吾佛大聖人之大觀治其

大患以神道設教者也。其爲善。抑又至矣。深矣。廣大悉備矣。不可以世道輒較也。孔子曰。君子之於天下也。無適也。無莫也。義之與比。義也者理也。謂君子理當。即與。不專此。不蔑彼。韓子徒見佛教之迹。不睹乎佛教聖人之所以爲教之理。宜其苟排佛老也。文中子曰。觀極讜議。知佛教可以一矣。此固韓子之不知也。又曰。且彼佛者果何人哉。其行事類君子耶。小人耶。若君子也。必不妄加禍於守道之人。如小人也。其身已死。其鬼不靈云云。此乃韓子疑之之甚也。既未決其類君子小人。烏可輒便毀佛耶。其閭巷凡庸之人最爲無識欲相詬辱也猶知先探彼所短果可罵者乃始罵而揚之今韓子疑佛未辨其類君子之長小人之短便酷詆之不亦暴而妄乎哉幾不若彼閭巷之人爲意之審也謂佛爲大聖人猶不足以盡佛況君子小人耶雖古今愚鄙之人皆知佛非可類夫君子小人而韓子獨以君子小人類佛又況疑之而自不決乎誠可笑也又曰天地神祇昭布森列非可誣也又肯令其鬼行胸臆作威福於其間哉夫天地神祇誠不可誣固如韓子之言但其欲賴天地神祇不令鬼作威福此又韓子識理不至也苟自知其所

知詣理。理當斥。斥之。理不當斥。則不斥。知明則不待外助。理當則天地自順。吾輩於事。是非抑揚。特資此矣。不類韓子外引神祇以爲咒矢而賴之也。易曰。先天而天弗違。後天而奉天時。天且弗違。況於人乎。況於鬼神乎。韓子之徒。何嘗彷彿見乎聖人之心耶。劉昫唐書。謂韓輩抵排佛老。於道未弘。誠不私也。史臣之是非。不謬也矣。

第十八

昔陽城以處士被詔。遷諫議大夫。久之。其諫爭未見。眾皆以虛名譏城。謂其忝也。而韓子遂作諍臣論非之其意亦以城既處諫官而使天下不聞其諫爭之言豈有道之士所爲乎逮城出守道州以善政聞而韓子爲序送太學生何堅還城之州又特賢城所治爲有道之國特比漢之黃覇爲穎川時感鳳鳥集鳴之賀余小時睞此二說怪韓子議論不定而是非相反夫是必是之非必非之何其前後混惑如此古今所論謂聖賢正以其能知人於未名之間見事於未然之時也昔王濬有大志其未效之時人皆笑之唯羊叔子謂其必堪大事而善待之而濬果立功於晉唐征淮西之時李光顏初碌碌於行伍人未之識獨

裴中立稱其才於憲宗不數日奏光顏能大破賊兵
晉時戴晞少有才惠人皆許以有遠致唯嵇侍中謂
其必不成器其後晞果以無行被斥故唐晉書稱其
知人而稽羊裴晉公三君子之美灼灼然照萬世矣
韓子賢者其識鑒人物固宜如此也使陽城果賢方
其諫爭未有所聞之時韓子當推之以質衆人之相
譏豈前既不賢其後因時之所美而隨又賢之若是
則韓子稱其有道無道是皆因人乃爾豈韓子能自
知之耶余睎唐書見陽子素君子人也非其賢爲太
守而不賢於諫官乃韓子自不知陽耳韓子謂亢宗

居諫官之職而欲守處士之志乃引易蠱之上九與蹇之六二爻辭以折其行事此陽氏居官自有王臣謇謇之意而韓子不見按唐書正（避御諱）元之初諫官紛紜競言事細碎者無不聞達天子益厭苦之然當此亢宗自山林以有道詔爲諫列固宜相時而發烏可如他諫臣斷斷遽騁口舌以重人主厭惡詳亢宗在官而人不見其諫爭者非不言也蓋用禮五諫之義而其所發微直自有次序不可得而輒見其五諫也者曰諷曰順曰闚曰指曰陷也諷諫者謂知禍患之萌而諷告之也順諫者謂出詞遜順不逆君心闚

諫者謂眂君顏色而諫指諫者謂直指其事而諫陷諫者謂言國之害而忘生爲君也然其事未至亡國大害於政則未可以指陷也指陷謂言直而氣厲激怒於人主失身多而濟事少也魏文正曰臣願陛下使臣爲良臣勿使臣爲忠臣忠臣縱殺身有直諫之名而不益其事更彰君之惡若是則諷諫果優隱於直諫直諫豈不爲不得已而用之耶故古之聖賢多尙諷諫孔子曰吾從其諷諫乎禮曰爲人臣之禮不顯諫又曰事君欲諫而不欲陳此豈不然乎陽子蓋如此之謂也及裴延齡輩用事邪人爲黨傾覆宰相

大害國政亢宗不得已遂與王仲舒伏閤下一疏論其姦邪天子果怒欲加罪誅城會順宗適在東宮解救僅免然城諫爭法經緊緩乃隨其事宜始城與其二弟日夕痛飲客苟有造城欲問其所以城知其意即坐客強之以酒醉客欲其不暇發語此足見陽子居官其意有在雖尋常之士亦可以揣知陽子之意韓子何其特昧而遽作論譊譊輒引尚書君陳之詞而曰若書所謂則大臣宰相之事非陽子之所宜行也是又韓子不知經也若君陳曰爾有嘉謨嘉猷則入告爾后于內爾乃順之于外曰斯謨斯猷維我后

之德也。嗚呼。臣人咸若時。惟艮顯哉。其所以嗚呼也
者。蓋慨歎凡臣於人者咸皆順行此入告順外之道。
豈不爲艮臣。大能昭顯其君之德也。孔安國傳之亦
然也。如此則入則諫其君。出不使外人知者。何獨在
大臣宰相者。乃得行之耶。陽子立朝爲諫議大夫。其
位豈甚下。其官豈甚小。入則諫。出則不使人知。豈不
宜其所行。孰謂不可耶。夫諫爭自古罕有得其所者。
漢之善諫者袁盎汲黯。而言事尙忤觸人主。所不陷
其身者。賴文武賢主而納諫。其後薛廣德。朱雲。劉輔
輩。激怒天子。又其甚矣。方陽氏之諫爭師經有法在

韓子固當推之以敎後世可也。更沮之謬論。如此不亦易乎。

第十九

韓子讀墨。謂孔子必用墨子。墨子必用孔子。不相用。不足爲孔墨。及與孟簡書。乃曰。二帝三王。羣聖之道大壞。後之學者無所尋。逐以至於今泯泯也。其禍出於楊墨肆行而莫之禁故也。韓子何其言之反覆如此惑人。而無準也。

第二十

韓子序送高閑曰。今閒師浮屠氏。一死生。解外謬。是其爲心。必泊然無所起。其於世必淡然無所嗜。韓子爲此說。似知佛之法眞奥。有益人之性命焉。夫一死生者。謂死猶生也。生猶死也。在理若無其生死者也。旣見其理不死不生。則其人不貪生。不惡死也。夫解外謬者。自其性理之外。男女情汚嗜欲滛惑百端。皆其謬妄也。謬妄已釋。死生旣齊。故其人之性命乃潔靜而得其至正者也。老子曰。淸淨爲天下正。斯言似之。夫性命旣正。豈必在闢輩待其死而更生。爲聖神。爲大至人耶。卽當世自眞。可爲正人。爲至行。旣賢益賢。不善必善。而韓子不須與闢之言。其原道乃曰。絶爾相生養之道以求其所謂清靜寂滅也夫清靜寂滅者正謂導人齊死生解外繆妄情著之累耳以全夫性命之正者也韓子爲書不復顧前後乃遽作原道而後生末學心不通理眎之以謂韓子之意止乎是也遂循手迹以至終身昧其性命而斐然傲佛不識韓子爲言之不思也就使從闢而言自闢釋氏之所由非欲推其道爲益於世意苟有益於世而君子何不稱之孔子曰大人不倡游言蓋言無益於用而不言也謂韓子聖賢之徒安得爲無益之言耶將韓子雖謂文人於道尚果有所未至乎吾不知也

第二十一

唐人余知古與歐陽生論文書謂近世韓子作原道則崔豹答牛享書作諱辯則張昭論舊名作毛穎傳則袁淑大蘭王九錫作送窮文則楊雄逐貧賦作論佛骨表則劉晝諍齊王疏雖依倚若此愚未功過然余生論不足校其是否其送窮文謂窮有鬼窮鬼蓋委巷無稽自詼韓子爲此文縱然如其鬼相睹何其怪乎韓遂託斯以自諭何取諭之不祥也若韓子之智知學文（知或之字）與其文乃資鬼而爲之韓子豈自謂誠明人乎君子之言法言也謂可以教人而君子乃

言也。不可以教人。君子不言也。故孔子曰。大人不倡游言。韓子如此。何以教人耶。語曰。君子固窮。小人窮斯濫矣。韓子果窮。尤宜以君子固守。烏可輒取陋巷鄙語。文以爲戲耳。

第二十二

韓子爲歐陽詹哀辭。謂詹事父母盡孝道。仁於妻子。又曰。其於慈孝最隆也。而唐人黃璞傳詹。謂其以倡婦一動（一作慟字）而死。而譏詹不孝。乃引孟簡哭詹詩曰。後生莫沈迷。沈迷喪其眞。璞。詹之鄉人也。評詹固宜詳矣。檀弓曰。文伯之喪。敬姜據牀而不哭。以文伯多得內人之情而嫌其曠禮也況以婦人之死而遺其親之恨者也韓子稱詹之孝隆不亦以私其黨而自欺乎不亦不及敬姜之知禮乎注詹之所以死者亦見於太平廣記

第二十三

韓子爲羅池廟碑而唐史非之宜非也其事神在韓子當辯乃從神之而張其說何其好怪也語曰子不語怪力亂神而韓子乃尒豈不與孔子相悖耶

第二十四

韓子爲毛穎傳而史非之書曰德盛不狎侮又曰玩人喪德玩物喪志韓子非侮乎玩耶謂其德乎哉

第二十五

韓子論佛骨表以古之帝王運祚興亡其年壽長短校之謂無佛時其壽祚自長事佛則乃短指梁武侯景之事謂其事佛求福迺更得禍以激動其君也當南北朝時獨梁居江表垂五十年時稍小康天子壽八十六歲其爲福亦至矣春秋時殺其君者謂有三十六彼君豈皆禍生於事佛乎韓子不顧其福而專以禍而誣佛何其言之不公也自古亂臣竊發雖天地神祇而無如之何豈梁必免耶此韓子未識乎福之所以然也夫禍福報應者善惡爲之根本也佛之

所以教人修福其正欲天下以心為善而不欲其為惡也猶曾子曰人之好善福雖未至去禍遠矣人之為惡凶雖未至去禍近矣佛之意正尒但以三世而校其報施者曾氏差不及佛言之遠也故其禍福之來自有前有後未可以一世求苟以其壽祚之短謂事佛無效欲人不必以佛法為則洪範以五福皇極教人合極則福而壽反極則禍而凶短折如漢之文景最為有王之道何則孝文為天子纔二十三載年四十七而死孝景即位方十六載年四十八而死其曆數也皆未及一世其壽考也皆未及下壽豈謂孔

子所說無驗而卽不從其敎耶嗚呼聖人爲敎設法
皆欲世之爲善而不爲亂未必在其壽祚之短長也
韓子謂假如其身至今尙在奉國命來朝陛下接之
不過宣政一見禮賓一設賜衣一襲衛而出境不令
惑衆也況其身死已久枯朽之骨凶穢之餘豈可直
入宮禁云云此韓子毁佛之太過也佛雖非出於諸
夏然其神靈叡智亦眞古之聖人也又安可槩論其
舍利與凡穢之骨同校也雖中國之聖人如五帝三
皇者孰有更千歲而其骨不朽況復其神奇殊異有
以與世爲祥爲福耶此韓子亦宜稍思而公論也昔

有函孔子之履與王莽之首骨者累世傳之至晉泰熙之五載因武庫火遂燔之夫大善者莫若乎孔子之聖人也大惡者莫若乎王莽之不肖也前世存其迹而傳之蓋示不忘其大善也留誡其大惡也古今崇佛靈骨者其意蓋亦慕乎大善也若前所謂不過禮賓一設者是乃示其不知禮而待人無品也借令佛非聖人固亦異乎異域之眾人者安可止以一衣一食而禮之也昔季札由余入中國而中國者以賢人之禮禮之彼季札由余第世之人耳未必如佛神靈而不測者也至使其君待佛而不若乎季札由余

者也。孔子曰。事君欲諫不欲陳。謂不可揚君之過于外也。假或唐之天子。以佛而爲惡也。韓子乃當婉辭而密諫。況其君未果爲惡。烏得訐激而暴揚其事乎。昔魏徵能諫。不能忘其言。書之以示史官。而識者少之。馬周垂死。命焚其表草曰。管晏彰君之過。以求身後之名。吾弗爲也。而君子賢之。若韓子之諫比魏徵。則未必爲當。留其表。使世得以傳其爲謬。固又過於徵也。而全君之美。不及馬周之賢遠矣。又況君之所爲未至爲惡。而暴表論之。乃見斥流放。抑留其說以自彰。其識智膚淺。播極醜于後世也。嗚呼。

第二十六

韓子上于頔書。稱頔若有聖賢之言行。乃曰。信乎其有德且有言也。乃引楊子雲言曰。商書灝灝爾。周書噩噩爾。信乎其能灝灝而且噩噩也。然與頔列傳相反。不亦諛乎。

第二十七

韓子斥潮州。其女拏從之商南層峯驛。遂死。其後移葬。韓子銘其壙。恨其路死。遂至罵佛。因曰愈之少為秋官。言佛夷鬼。其法亂治。梁武事之。卒有侯景之敗。可一掃刮絕去。不宜瀾漫。夫華夏有佛。古今賢愚雖匹夫匹婦。莫不皆知佛非鬼。知其法不教人爲凶惡。以亂政治。而韓子獨以爲鬼亂治。韓女自斃。何關乎佛。而韓子情泥私其女。至乃戾古今天下之人。褻酷乎不測之聖人。誣毀其法尤甚。列子謂西方之人。有聖者焉。不治而不亂。不言而自信。不化而自行。蕩蕩乎民無能名焉。此非謂三王五帝三皇之言聖者也。宋文帝謂其羣臣何尙之等曰。佛制五戒十善。若使天下皆遵此化。朕則垂致太平。韓子叢蔽。而固不省此言也。又其作詩送澄觀而名之。詞意忽慢。如規誨俗子小生。然澄觀者。似是易淸涼國師觀公乎。詩詞有云。皆言澄觀雖僧徒。公才吏用當今無。又云借問經營本何人。道人澄觀名籍籍。或云別自一澄觀者。夫僧儒於其教。名以道德道德尊。故有天子而不名高僧。唐之太宗。以公稱玄奘是也。傳曰。盛德之士不名。太宗豈用此法耶。然春秋書名。非善之之意也。既贈之詩。特名呼而規刺之。豈其宜乎。縱非清涼國師。已不當然。果在觀公。益不可也。若觀法師者。自唐之代宗。延禮問道。至乎文宗。乃為其七朝帝者之師。其道德尊妙。學識該通內外。壽百有餘歲。當其盛化之時。料韓氏方後生小官。豈敢以此詩贈之。是必韓子以觀公道望尊大當佛敎之徒冠首假之爲詩示其輕慢卑抑佛法之意氣而惑學者趨尙之志耳非眞贈觀者也韓子雖漫然不顧道理可否横斥於佛殊不知并其君與其本朝祖宗而辱之也禮不敢齒君輅馬蹙其芻有罰見君之几杖則起過君之車乘卽下尊敬其君故也適韓子乃特慢忽其君之師天子嘗所禮貌之者其於禮義何若也如德宗皇帝誕聖節賜輦延之內殿談法廣敷新經帝時默湛海印朗然大覺誡於羣臣曰朕之師言雅而簡詞典而富扇眞風於第一義天能以聖法淸涼朕心仍以淸涼賜

為國師之號。然法師道德位貌若此尊嚴。可侮而失禮君師之德義乎。不唯無禮其君師與朝廷。抑又發乎後生小子輕薄之心。吾知而今而後。天下不遵禮義忽慢道德之士。其輕薄之風。自韓子始也。

第二十八

韓子答崔立之書曰。僕見險不能止。動不得時。顛頓狼狽。失其所操持。困不知變。以辱於再三。君子小人之所憫笑。以至云。若都不可得。猶將耕於寬閑之野。釣於寂寞之濱。求國家之遺事。考賢人哲士之終始。作唐之一經。垂之於無窮。誅姦諛於既死。發潛德之

幽光吁韓子所謂作唐之一經過也古之立書立言
者雖一辭一句必貽後世學者資以爲法其言不中
則誤其學者周書武成出於孔子之筆序而定之其
曰血流漂杵孟軻猶不取而非之謂其不當言而言
之過也夫孔子作春秋六藝之文尚不自謂爲之經
稱經特後儒尊先聖之所作云爾昔楊雄作太玄經
以準易故也而漢諸儒非之比之吳楚僭號稱王者
也今韓子輒言作經何其易也使韓子德如仲尼而
果成其書猶宜待他輩或後世尊之爲經安得預自
稱之雖其未成比之楊雄亦以過僭矣其曰誅姦諛

於既死發潛德之幽光者此乃善善惡惡褒貶之意蓋韓子銳志欲爲之史耳及視其外集答劉秀才論史書乃反怯而不敢爲而曰夫爲史者不有人禍必有天刑乃引孔子聖人作春秋辱於魯衛陳宋齊楚卒不遇而死齊太史兄弟幾盡左丘明紀春秋時事以失明司馬遷作史刑誅班固瘐死陳壽起又廢卒亦無所至王隱謗退死於家習鑿齒無一足崔浩范曄亦族誅魏收天絕宋孝王誅死足下所稱吳兢亦不聞身貴而後有聞也（一本止畧引司馬遷范曄左丘明等三人）然以此爲尤韓子何其勇於空言而怯於果作可笑也誠前

所謂顛頓狼狽失其所操持而發斯狂妄耶

第二十九

韓子謫潮陽與方士毛于姬遇遂作毛仙翁十八兄序謂于姬者察乎言不由乎孔聖道不猶乎老莊教而以惠性知人爵祿厚薄壽命長短發言如駛駟信乎異人也然兄言果有徵以至云卽掃廳屋候兄一日歡笑韓子乃信其說謂果若如兄言卽掃廳屋候兄者卽以兄事之自列於門人也當此韓子何其不知命而易動如此也縱于姬之言果驗如神在衆人當聽而奇之韓子自謂專儒頡頏爲聖賢之士固宜

守聖人之道也。語曰：智者不惑，仁者不憂，勇者不懼。此謂君子明故不惑，知命故不憂，勇於義故不懼。子夏曰：死生有命，富貴在天。孔子曰：不知命無以爲君子也。蓋亦皆推乎聖人性命之道，無俟於苟也。烏得不顧此，而輒如衆人惑於毛生乎？韓子自顧爲學聖賢之儒如何耶？苟其道不至，安可以學聖賢自負乎？韓子前作謝自然詩，而譏斥神仙異端者，語句尤厲。今方降爲郡，乃自衰變動，尤惑兄事仙翁異人，帖帖然願欲伏爲其門人，掃洒廳宇以候之，憑其言而望脫去遷謫，以酬其待用之志也。中庸曰：素患難行乎

偏僻剛訐
於道不弘
乃韓愈平
生之病根

患難素夷狄行乎夷狄韓子於聖人中庸得無媿乎

第三十

余觀韓子之書見其不至若前之評者多矣始欲悉取而辯之近聞蜀人有爲書而非韓子者方傳諸京師所非謂有百端雖未覩乎蜀人之書吾益言之恐與其相重姑已劉昫唐書謂韓子其性偏辟剛訐又曰於道不弘吾考其書驗其所爲誠然耳欲韓如古之聖賢從容中道固其不逮也宜乎識者謂韓子第文詞人耳夫文者所以傳道也道不至雖甚文奚用若韓子議論如此其道可謂至乎而學者不復考之

道理中否乃斐然徒效其文而譏沮佛教聖人大酷吾嘗不平比欲從聖賢之大公者辯而裁之以正夫天下之苟毀者而志未果然今吾年已五十者且鄰於死矣是終不能爾也吾之徒或萬一有賢者當今天子明聖朝廷至公異日必提吾書貢而辯之其亦不忝爾從事於吾道也矣

鐔津文集卷第十六

音釋

醼於見切佞奴丁切諂也頡余頂纂子緩切騣子
醼設也又奴定切切組類也騣公
切金騣虬渠幽切緱音侯儸來可切儸辭峻
馬冠也虬龍皃儸㦬惏也殉切用

人送死也覿達寂切見也𦤎吐盍切𦤎不也篋口叶切筒也數數所角切頻朔也

拪音移遷也遑音皇暇也氏音支

鐔津文集卷第十七

藤州鐔津東山沙門契嵩撰

古律詩共六十首

三高僧詩 并叙

唐僧皎然靈澈道標以道稱於吳越故諺美之曰霅之晝能清秀越之澈如冰雪杭之標摩雲霄吾聞風而慕其人因諺所謂遂爲詩三章以廣其意也

霅之晝能清秀

晝公文章清復秀天與其能不可鬪僧攻文什自古

有出拔須尊晝為首造化雖移神不遷晝公作詩心亦然上跨騷雅下沈宋俊思縱橫道自全禪伯修文（修或揮字）豈徒爾誘引人心通佛理縉紳先生魯公輩早躡清游慕方外斯人已歿斯言在護法當應垂萬代

越之澈如冰雪

澈公之清如冰雪高僧天資與人別三十能詩名已出名在詩流心在律不殊惠遠殊惠休皎然未合誰與儔白雲蕭散何定止忽入關中訪包李孤清難立眾所沮到底無辜中非語木秀於林風必摧澈公懷德成禍胎古人已往不復歎為爾為詩遺後來

杭之標摩雲霄

標師之高摩雲霄。在德豈在於沉寥。一庵嶺底寄幽獨。抗迹蕭然不入俗。有時虛陟層崖眺。不聞其語聞清嘯。當時陸羽事幽討。曾入青雲預聞道。取雨救旱驅神龍。此與人間事豈同。冥機感異心之苗。此公所以稱道標。

送章表民祕書

一日夫子來山陲。來言去別將何之。清塵舊尉亦皆至。時周感之同來鮮車輕珮光陸離。入門顧我顏色好。林下把袂相追隨。笑傲恣肆意氣豪。舉首不覺白日欹。拂榻乃留嵓宇宿。紙衾蒲席誠可嗤。不計豐約但適美。唯唯無語相拒違。是時春和二月半。永夜耿耿輕寒微。高談交發雅興合。如瓶注泉爭淋漓。須臾促席命言志。直吐胸臆攄淳詞。人心不同有如面。平生各自有所爲。表民卒然趨席端。曰吾有志人不知。末俗淺近烏足語。含哺未吐長嗟咨。少從先生學經典。不探枝葉窮根基。帝王之道斷可識。殷盤周誥無復疑。古今事業貴適用。文章述作須有規。豈類童稚空琢刻。畫餅不能療朝飢。十五孜孜事文字。磨礱筆硯精神罷。長篇大軸浩無數。慷慨但欲扶政治。前年補吏來淛右局務冗俗不可窺傾懷欲效王覇署騏驥捕鼠非宜宜錢唐大府多達官品秩相較我最卑孟軻獨負浩然氣誰能歛袂長低眉丈夫所重以道進青雲萬里須自馳咄嗟顧我胡爲者甘以門檢爲身資遂爲謝病遠引去遽與簪組相差池膠西董生苟脊幕下帷克苦窮書詩閒居落莫多感激所感時政生瑕玼賤臣抱節私自效作書萬字投丹墀天閽深岩在西北引領一望雲霢霂德音畢竟不下報漫陳肝膽空涕洟嗟嗟吾生時命謬不遇當時甘佚遺龍蛇之蟄尺蠖屈萬物不時須自怡我家田園在南國亦有

溪山名武夷。泉甘壤黑堪稼穡。歸與老農事鎡基。余與感之聞此語。精神飛動驚支頤。深謀遠慮不可測。滄溟無底天無涯。閶闔門前無限客。摩肩踏足爭前詞。暖衣飽食恣氣艷。幾輩卓犖能如斯。請君更前與君語。何必輕沮煩孜孜。嘉穀冬收槿朝發。衆物榮茂有疾遲。不聞伊尹五干湯。堯舜之道方得施。賢傑輕身重天下。豈使汲汲營其私。况當夷狄侮中國。蹂踐二鄙翻地皮。將軍誅討苦未剋。百萬師老勞旌旗。凶年樂歲復問作。風雨霜雪猶不時。天子勤政不暇食。亦待才能相補裨。廟堂之上有君子。聰明豈肯饒皐夔。執秉公道尊大匠。裁度杞梓甯參差。愛君爲人性疎達。不以其教交相訾。臨風明月千里別。祝詞豈憚傾肝脾。俗人好毁寡樂善。嘉名清節愼莫虧。朝廷若問平津策。賢良第一非君誰。

古意 五首

風吹一點雲。散漫爲春雨。洒余松柏林。靑葱枝可取。持此歲寒操。手中空楚楚。幽谷無人來。日暮意誰與。

二

君莫笑支許。寂寞非愚憒。君莫輕嵇阮。山林有淸興。人生徒百歲。樂少憂還剩。萬事漫短長。無如使道勝。

爾非傲世士。高蹈釣名稱。但謝區中緣。甘心棲石磴。
澄空白日飛。世事終無應。不如省爾誠。自然還自贈。

三

雲中見雙鳥。高飛揭日月。毛羽賁文章。翺翔異鷹鶻。
翛然邈千里。竟不顧林樾。春風漫飄颻。勁翮更超忽。
陌上遊俠子。窺爾徒倉卒。雖有金彈丸。睥睨不敢發。
因知奇異資。自保長超越。回視黃雀羣。胡爲戀塵埒。

四

堪笑浮雲高。凌虛翳日星。（凌虛或作扶搖）寍作蘭蕙幽。草中
自芳馨。自足乃天分。未需爾虛靈。掩翳之所惡。胡爲

久亭亭。古來曠達士。浪跡多晦暝。山林惜長往。藏用亦藏形。愚谷不可及。杳然還自寧。嗟余亦美此。岑寂養頹齡。

五

窮品偶眞叟。授我一卷書。深林値幽人。遺我斧與鋤。斧鋤亦奚爲。教養材與蔬。荒穢必須剪。使之藹自如。授書欲胡爲。教爾心與軀。學必先正己。自治乃及餘。此意有嘉訓。佩之未始除。如何悠悠人。自謬欲是渠。相習成薄俗。尠德懷蘧篨。吾裁此俚語。憑君爲傳諸。

游龍山訪道士李仙師

日出野曠明。肅然訪道生。杳渺湖外去。散誕雲邊行。
秋高天宇淨。脫葉飛縱橫。乘風度林嶺。轉覺衣屨輕。
時聞縹緲間。微飈傳鶴聲。知與仙家近。逸思泠然清。
須臾轉幽谷。紫府芝田平。仙童走脚報。松子來門迎。
接袂語且笑。所歡非俗情。丹臉人未老。道貌天已成。
開筵羅玉粒。盤餐饈紫英。綢繆似交舊。洒落懷抱傾。
薄暮忽云去。徘徊倚山楹。欲有重尋約。還憂變高名。

感遇 九首

海水晦夜清。秋色涵蓬壺。有叟雙龍公。鐵網羅珊瑚。
風雲浩容與。悵恨何所圖。欲問天上人。可換明月無。

二

仙人白玉京。去去何縹緲。瓊樓十二層。玲瓏汎雲表。
銀湟月爲波。萬頃即池沼。秋來宮殿光。逗落人間曉。
空際時澄明。烟霞眇青鳥。可見不可到。所思空杳杳。

三

悠哉楊執戟。識遠才絶奇。初提草玄筆。頗爲人所嗤。
卓卓孔孟道。謝爾平嶮巇。玉鑑含幽光。千載方葳蕤。
寄與曠懷士。未達休嗟咨。心期道自貴。俗態勢焉隨。
青山保長往。白日貞可窺。高標謝松柏。孤芳操弗移。

四

天威不到處。干戈動邊鄙。將軍奮威猛。英雄勢隨起。
紛紛出榆關。肅肅秋色裏。白馬冒黃雲。靑霜厲嚴旨。
少壯羽林兒。務能莫多喜。好武匪君心。用兵不得已。
奇言飛將軍。妙畧應無比。志在報君恩。豈爲黃金死。
丈夫身許國。慷慨當如此。盍教太史書。輕笑曾連子。

五

蒼茫天地間。流光一何遽。曾聞太古人。未見曦輪駐。
才沈崦嵫雲。還上浮桑樹。山色愁裡暝。天形夢中曙。
安知穆天子。龍馬神爲御。萬里速乘風。又向瑤臺去。
超遙侶神仙。此理當何故。不向堯年長。永使人間住。

六

冠蓋何處客。凌雲意氣驕。旦旦趨雙闕。衝衝過渭橋。金珂雲外響。畫燭月中燒。縹緲行天路。升騰在玉霄。如何區宇內。頓與人間遙。長拂羅裳去。明光殿下朝。一俯復一仰。榮多憂亦饒。白髮領邊長。朱顏鏡裏凋。豈知松檜下。幽人長寂寥。萬事淡無慮。恣臥時長謠。浩蕩天地間。孰問犧黃堯。臨風一清嘯。胡為王子喬。

七

空虛澄遠烟。霽色含秋景。思君每盤桓。駐目千峯頂。駐目或作獨往明月初團圞。可照美人影。美人來不來。雲霞渺林嶺。

八

松柏地之靈。草莽亦同茂。願得區域中。人心復純素。蒼梧會稽陰。岡復有陵墓。六合無知音。青山有歸路。人生惜朱顏。賢照長相顧。昨夜露華臺。誰不怨秋暮。

九

悠然嚴子陵。遠大寥廓器。故人貴爲君。白駒要不至。耽閑戀淥潭。高超弄芳餌。青山汎白雲。萬古奇高意。侯覇不知道。初亦嫌傲志。何事卑王侯。其心越天地。因悲婁護輩。胡爲附權勢。流游絳灌間。折節蹁躚例。

皇皇古皇道。勞生自拘繫。不如歸去來。乘風拂長袂。

懷越中兼示山陰諸開士

厭見人境喧。清游憶靈越。東南千萬山。浮青滿寥泬。從來鑑中景。形勝人間絕。月湛換鵝溪。雲起藏書穴。客子苦飄蓬。遽與故人別。尺素未及通。芳草已云歇。所悲行路難。俯仰損名節。鳴鴈欲東飛。寄語謝明月。

早秋吟

山家昨夜房櫳冷。梧桐一葉飄金井。長天如水淨藏雲。明月含暉變秋景。桂枝花折風飄飄。誰在高樓吹玉簫。人間不見槎升漢。天上將看鵲作橋。年少征人在何處。白露霑衣未歸去。海畔今無漂母家。江南誰與王孫遇。徘徊月下空長吟。吾徒自古難知音。欲上高臺問明月。明月何不照人心。

羣賢宿山賦得暮雲嵓下宿

微風靜林杪。紅日下嵓阿。明月出已滿。白雲歸未多。高應伴猿鶴。深不暗松蘿。若弗爲霖去。其如旱歲何。

浙江晚望

暮色看無際。秋空水混天。片帆飛鳥外。新月落潮邊。隔越山形小。呑吳地勢偏。幾人來往老。早晚渡頭船。

題徑山寺

翠拔羣山外連天勢未休雲迷飛鳥道。雨出古龍湫。
僧在深雲定。香和杳靄浮。人間游不到。臺殿自清秋。

郎侍郎致仕

平時獨高謝。道勝欲韜光。白髮辭明主。青山戀故鄉。
藥畦容鶴到。吟徑恐雲藏。更愛禪林臥。時來拂石牀。

山中早梅

亭亭映晚景。皎皎出林端。小圃連雲淡。孤芳冒雪寒。
人間殊未見。物外最先看。但欲方瓊玉。寍將勝牡丹。

汎若耶溪

越水乘春泛。船窻掩又開。好山沿岸去。驟雨落花來。

岸影樵人渡。歌聲浣女回。滄浪無限意。日暮更悠哉。

書毛有章園亭

愛此園林好。重來花木滋。游人醉不去。幽鳥語無時。烟郭連芳草。春湖泛淥池。松篁非俗韻。游子漫相期。

山亭晚春

山庭晚來靜。林石自巉喦。犬去吠人語。花飛恣鳥銜。晴烟熏茂草。煦日靄高杉。更喜團圓月。淸光下碧巖。

自贈

靜坐還看竹。閑行亦合樵。道心應有在。生事合無憀。客去淸談少。年來白髮饒。漫將支遁筆。閒且賦逍遥。

夏日無雨

山中苦無雨。日日望雲霓。小暑復大暑。深溪成淺溪。泉枯連井底。地熱亢蔬畦。無以問天意。空思氷鳥啼。

俗謂水鳥啼則天下雨焉

歲暮書懷

朔風適變寒。曉日將含煦。南國殊未還。東山歲雲暮。浮生奄忽往。芳顏安得駐。寄謝人世間。紛華尤可悟。

山中早行

前山經夜雨。獨往步春泥。天岸日將出。田家雞更啼。孤烟行處起。曠野望中低。猶喜逢樵客。相將過數溪。

湖上晚歸

人間薄游罷。歸興尋舊隱。春岸行未窮。夕陽看欲盡。嵐光山際淡。天影水邊近。自憐幽趣真。清吟更長引。

季春寄友生

湖上無烟畫。人間寒食時。陰晴春易變。花月候難齊。未畏青蛙亂。先愁紫蕨衰。雲山向漸熱。相訪勿應遲。

寄懷沕潭山月禪師

聞道安禪處。深蘿杳隔溪。清猿定中發。幽鳥坐邊棲。雲影朝晡別。山峯遠近齊。不知誰問法。雪夜立江西。

送客還北闕道中作

北郭送陽子。日斜歸舊居。路泥侵曉潤。晦月逼春餘。桑柘雨中綠。人烟關外疎。依然見風俗。歸興混樵漁。

次韻無訾赴承天再命

載命還高讓。知君所趣深。靑山當隱處。白髮欲栖心。更俟逢梅雨。何妨過虎林。潺湲合澗水。六月足淸音。

山舍晩歸

薄暮還精廬。徐行無所竝。日入月還淸。山空水更靜。彷彿聞疎鐘。翛然在西嶺。寄語高世流。來茲謝塵境。

讀書

讀書老何爲。更讀聊遮眼。此意雖等閒。高情寄無限。

錯磨千古心。翻覆幾忘飯。不知白雲去。春靜山中晚。

送盧隱士歸廬山

世事如循環。是非終莫盡。美爾歸深山。任他譏小隱。黃鵠舉已高。白雲去非近。天籟歸寂寞。何峯弄清軫。

還南屏山卽事

歲晚歸來石室寒。松蘿岑寂自盤桓。但知林下一年過。不見人間萬事難。招引有詩題石記。解嘲無說與時看。此心已共空生合。身似浮雲不必觀。

入石壁山

身似浮雲年似流。人間擾攘只宜休。老來已習青蘿

子隱去應追白道猷直入亂山寧計路定看落葉始知秋他時谷口人相遇莫問裁詩謝五侯

山中自怡謝所知

萬事隨宜勿強攀暫過朝市即歸山勞生未必浮名好稱性應須到處閑都似夢中休問影只堪吟裏更怡顏襄陽道者寧知爾猿鶴蕭然石室間

寄承天元老

清散年來事益閑不論林下與人間禪心至了非喧靜默客何妨更往還奇石清軒增勝趣流泉碧座照衰顏支形脫畧時機甚應笑歸來別買山

誡題 因事

高吟遠矚倚雲梯。往事經心盡可題。道德二篇徒自辯。是非一馬豈能齊。暉山貞玉傷驚火。失水靈蛇畏在泥。寄語冥鴻上天去。凌雲羽翼莫思低。

元日

暗裏春催曙色明。百雞迎曉報新聲。宿寒尚在龍蛇蟄。歲曆初傳日月迎。蓂葉四時今始發。梅花一旦占先榮。山家也祝堯天壽。漫學牛山報太平。

著書罷思南還復會客自番禺來因賦此詩

平昔著書今巔畢。南還終欲隱羅浮。初春況遇故鄉子。終夜更誇滄海遊。但貴羊城風物好。豈辭梅嶺路岐修應須相與葛洪輩。抗迹山林送白頭。

冷泉獨賞寄冲晦上人

南風掠波溪水滿。山中幽人來洗浣。獨立溪傍清興欵。更愛泉流芳草短。平生幽討貴蕭散。世道紛紜何足筭。人間五月夏雲煩。相約歸來君莫緩。

遣興三絶

逸興應須傚皎然。此生瀟洒老詩禪。何妨剩得驚人句。詠徧江山一萬篇。

吾道陵遲事事訛。而今無計過頹波。徇人玩法成流俗。但泣金書柰爾何。
去年聊駐江頭寺。今寄林僧邑下扃。莫謂此身無定
迹。人生都類一浮萍。

書南山六和寺

青葱玉樹接溪岑。臺閣凌虛地布金。行到白雲重疊
處。水聲松韻淡人心。

寒食日雨中

漠漠行雲晴復陰。野花垂濕晚沉沉。游人莫怨天多
雨。况在東皐春已深。

早起

天窻月過星疏渺。簷際冥分雲窈窕。山家深處勿雞啼。時有寒鵶來報曉。

對喜鵲

靜臥時驚喜鵲多。須臾果有故人過。山中明度還無事。問爾綿蠻更語麽。

寄晤冲晦

年老相看眼倍青。念君詩思苦勞形。人間更有無窮感。好把禪關護性靈。

洗筆

古人信文字。字字從此出。天下心不欺。爾亦有陰隲。

濯之遺孺子。念兹未應失。

遊大慈山書畫上人壁

俗裏侵雲寺。尋幽到深處。春過寒花開。人來啼鳥去。豈期草庵客。日暮此相遇。

清溪

勿謂清溪清。長如鏡初洗。須防苟容物。汙爾清到底。

鐔津文集卷第十七

鐔津文集卷第十八

藤州鐔津東山沙門契嵩撰

此與楊公濟。晤冲晦。山游唱和詩。今總編于此。貴後賢披覽。以見一時文會之清勝焉。

歲暮値雪，山齋焚香獨坐。命童取雪烹茗。因思柳絮隨風起之句。遂取謝道蘊傳讀之。見其神情散朗。故有林下風氣。益發幽興。乃爲詩兼簡居士公濟彼上人冲晦。

東山沙門契嵩上

簷外驚風幽鳥歸。窗間獨坐事還稀。初看曆日新年近。喜見山林騾雪飛。但憶故人能有詠。寧懷久客此無衣。鮑昭湯老能乘興。城郭何如在翠微。

章安楊蟠次韻

零落東山老佛師。古來獨往侶君稀。雪邊氣候春將破。林下神情句欲飛。後日當尋慧遠社。何人更贈大顛衣。一篇感發渾閑事。須脫青山動少微。

錢湖草堂沙門惟晤次韻上

雪滿西山春未歸。泉聲凍咽鳥聲稀。靜觀眼境人間渺。驅逐詩魔天外飛。一飽每將松作飯。大寒重換紙爲衣。我憐詩是君家事。更約論心極細微。

約冲晦宿東山禪寺精舍先寄　　蟠

上人合動林間興。吾恨衰遲學謝安。納屐操筇郍有限。吹雲落雨漫無端。先憑報信春枝破。預想分題雪屋寒。林下不諳人世苦。笑將雙鬢與君看。

次韻和訓　　契嵩

襄陽習子不貪官。欲友幽人擬道安。冒雪履霜臨歲杪。攀蘿挽翠到雲端。初論浮世漸年老。久對淸規苦夜寒。空感知音何以報。但誇山水富君看。

將訪永安東山禪師先寄　　惟晤

庵在千株松桂下。更無塵事到夫君。高蹤罕過呼猿澗。靜思唯看抱石雲。日暮坐間禽影集。雪晴岸畔路形分。楊雄約我須投宿。月裏禪餘怯論文。

次韻和訓　契嵩

歲晚陰沈天宇昏。宗雷訪我更携君。相期石屋宜投宿。獨憩山茨學臥雲。雪映窻櫺人已靜。風吟燈影夜初分。自憐惠永多閑散。强接淸言媿不文。

宿永安方丈書呈東山禪師　蟠

千年道在高僧傳。未論詩人更有評。曾著文章原大道。獨推性命濟羣生。白雲已鎖山間寺。流水空傳世上名。林遠不聞鐘磬作。五更幽鳥轉春聲。

次韻和訓　契嵩

詩豪何遜宿嵓扃。品格高卑徹曉評。未省窻前無月到。唯驚席上有風生。郄超年少徧高隱。莊子才雄不近名。明日君歸人落去。莫將平叔擬虛聲。

次韻奉和　惟晤

道安獨繼襄陽踵。詩好慵窺雪晝評。竹屋數間經幾載。草衣三事傲平生。縱陪林下收孤迹。難學人間走大名。燈火已殘談未倦。曉風斜雨打窻聲。

嘉公濟冲晦見訪　契嵩

數曲青溪山數重。山深日暮已鳴鐘。忽聞行客門前語。來覔幽人林下蹤。初接風流殊歷落。更張燈火倍迎逢。不須便去疑無待。已有黃糧在宿舂。

次韻和訓　　蟠

數百招提隱亂峯。蒼茫豈復辨君鐘。春含未得黃鸝報。路轉唯尋白鹿蹤。庵在月邊長不鎖。興來天外忽相逢。山人莫笑衣冠客。亦有鴻來待賃舂。

次韻和訓　　惟晤

白雲蒼海一重重。傍舍遙聞隔塢鐘。月上更無人語閙。雪深空認虎行蹤。詩書共喜燈前論。若果翻疑夢裏逢。脫屣高談無限樂。熅爐寒擁日高舂。

遊靈隱遇雨呈普慈及二詩翁　蟠

山老未容山客去。故將雲陣鎖山門。雨催晚色凝諸嶺。雷送春聲落後村。今夜青林妨月上。故人白首把詩論。來朝山水終瀰汎。策杖相隨討澗源。

次韻和訓　契嵩

暮雲將雨苦紛紛。看雨携君倚寺門。飛鳥驚雷歸後塢。落梅流水出前村。名山當爾何須去。勝事而今更好論。况有禪翁通妙理。徘徊重欵扣眞源。

次韻和訓　惟晤

雨洗羣山秀色分。一節雙屐到松門。天邊雲散爭歸洞。島外樵還各占村。久著青袍心已厭。相看白首事休論。請君細問黃梅老。當信禪河別有源。

同公濟冲晦宿靈隱夜晴　契嵩

不睡還烹北苑茶。寒燈落盡適來花。夜深雨過山形出。天淨雲空月色佳。且喜僧窻晴似晝。莫論人世事如麻。況陪支許皆能賦。豈厭留詩在碧紗。

次韻和訓　蟠

山風亦會山人意。卷盡天紛掃雪花。明月當樓情已興。碧雲落紙句還佳。天威忽霽應通物。仙侶相便合姓麻。蕤動已消林木響。臥看星斗隔窻紗。

次韻和訓　惟晤

戰退睡魔重酌茗。再披文卷眩生花。喜逢長夜身雖健。勉和新詩興未佳。風細猿聲清似梵月明杉影密如麻。臘寒燈炷飛蛾滅。何必殷勤護薄紗。

早過天竺呈明智及同遊二老　蟠

雨夜靈峯臥竹床。平明屐齒到雲堂。門前雨過新溪滿。石上風回舊草香。山抱鐘聲圓不散雪鋪氣面冷無光。理公莫怪詩相惱。今日偕行總姓湯。

次韻和訓　契嵩

澗北夜衣禪舍宿。峯南今訪講師堂。初行松路愛清

舍

曉。及過石橋聞異香。日色煖烘諸壑淨。晴嵐翠潑幾峯光。道標尙客何高趣。更飲吾曹栢葉湯。

次韻和詶　惟晤

曉過翻經臺下寺。與君同謁祖師堂。庭前紫桂葉頻脫。石上紅梅花正香。出洞陰雲分遠影。挂松寒日漏清光。謝君勸飯須無讓。不許非時薦茗湯。

南澗傍遊戲呈公濟冲晦　契嵩

相引朝來碧澗傍。山林雪盡水流長。未應驚鳥下苔岸。先共觀魚跨石梁。日淡沙寒鷗自聚。歲闌春入草舍芳。鮑昭湯老須同詠。何必人間萬事忙。

次韻和訓　蟠

澗南一嘯淸風發。林下重來白日長。雲遠石深連鷲嶺。水寒沙淺似魚梁。漫因野老詢前事。閑伴幽人擷衆芳。更欲窮源情未已。知君嗔我索歸忙。

次韻和訓　惟昭

撥雲過得南隴去。流水潋灩一澗長。盤石誰堆補缺岸。老松自倒成危梁。沙禽呼雌頻呌噪。山藥吐色常芬芳。臘去春歸山愈好。喜君共無塵事忙。

遊天竺上寺呈東山仲靈冲晦　蟠

入林已忻猿鳥樂。共傲浮生勝大還。身外是非雲不繫。社中留戀雨相關籃輿寂寞媿彭澤。拄杖風流肖德山。寄語葛洪嵓下水。莫流淸夢落人間。

次韻和訓　契嵩

共訪迢遙深塢寺。仍隨野老賣樵還。鳥栖已定人方到暮色雖濃門未關。今宿嵓房休問法。來朝臘屐重登山。平生勝友殊難會。莫厭相携寂寞間。

次韻和訓　惟晤

天寒雨細日將暮。泥滑誰禁策馬還。砂穴吐泉鳴決決。竹叢歸鳥語關關。聊睎謝客須穿屐。莫羨支公獨買山。方外論交情未淺。願陪投老白雲間。

同公濟冲晦遊天竺兼簡呈伯周禪老 契嵩

愛此蕭然松塢深。詩流邀我此相尋。蒼茫寒日纔開霧。靉靆濃雲又結陰。安石放懷還劇賞。皎然乘興合清吟。主人勸駐禪扉宿。況值梅香正滿林。

次韻和訓 蟠

不問猿崖鳥道深。攜筇著屐伴君尋。山中桂子驚寒夜。雪後梅花逼歲陰。欲住更逢青眼顧。相看須盡白頭吟。他年若續高僧傳。未放湯休與道林。

次韻和訓 惟晤

平昔詩禪友契深。更來人外事幽尋。雨餘澗壑流寒響。歲晏檉杉老翠陰。袒跣不妨陶令醉。風流多傚洛生吟。山翁解榻延清賞。未放前賢勝竹林。

宿天竺再贈東山禪師與冲晦　蟠

仲靈述作慙知己。冲晦篇章竊賞音。勝侶俱恬山水樂。神交已過雪霜深。燈前自笑平生事。雨後重論一夜心。相檢莫教詩閒斷。更闌同聽夜猿吟。

次韻奉和　契嵩

沈侯才雋冠儒林。詩語驚人金玉音。學海平生慙我淺。詞源今日羨君深。强睎老格須張膽。喜聽清言更洗心。賡唱茍能容累句。漫陪梁甫續高吟。

次韻奉和　惟晤

燈火青熒雲塢寺。清猿叫斷有餘音。檻梅雪白春風近。山雨盆傾澗水深。背世迹憐高鳥迹。結交心契老松心。誚君秀句無新語。徒攪詩腸徹曙吟。

宿天竺寺賦聞泉呈二老　蟠

我有泉中興。平生愛水經。山空時決決。夜靜轉泠泠暗脈來湍急。清聲出混冥。月寒風不響。高枕與君聽。

同賦聞泉　契嵩

歲晏林間宿。初聞况夜晴。漱寒醒客夢。飛響應山鳴。深澗松風靜。幽人石室清。誰人能爲我寫。此入琴聲。

同賦聞泉　惟晤

澗泉無所好。山舍寂無喧。春脈生雲底。夜聲來枕前。風休不動竹。月上未啼猿。石上鳴逾急。冷然清夢魂。

送公濟冲晦出山兼簡駐泊李思文　契嵩

幾日山遊霰雪稀。相隨野老亦忘機。始憐洞裏雲堪臥。又憶人間歲杪歸。夜落梅花應滿路。風含春色自吹衣。憑君為語王孫道。音信終須寄鳥飛。

次韻奉訓　蟠

臘後東風掃翠微。同看芳柳破春機。三宵聽水都無夢。四日登山未肯歸。野老止憑雲送客。家人應笑雨霑衣。君詩兼簡佳公子。只恐囊傾一夜飛。

次韻奉和　惟晤

招攜綠野村邊去。累日靑山曠世機。惜向永安蘭若別。還經靈隱渡頭歸。雲峯積雪迷樵徑。石罅新泉濺客衣。詩會未由陪帝戚。心隨雲鳥入城飛。

遊山歸遇雨呈仲靈冲晦　蟠

九里松門雪過時。籃輿裊裊礙松枝。雨留宿客還斜落。風送行人亦倒吹。華表忽驚黃鶴反。耳中猶帶白猿悲。來朝弗著登山屐。可避君呼謝客兒。

次韻和訓　契嵩

巖維靈澈出山時。避雨曾聞礙木枝。歲杪霜寒何足畏。管中春色已堪吹。風含鐘韻凝還散。水結溪聲咽又悲。鬪草野遊君莫笑。初平元是牧羊兒。

次韻奉和訓　惟晤

興高未肯輟淸詩。捨轎重扶櫛栗枝。松柏靑肥春雨洗。烟雲輕健澗風吹。樵歸後塢連聲唱。鹿過前溪失隊悲。莫道還家甘寂默。陶潛自有五男兒。

山中回憶東山老　蟠

山游興發特尋君。履齒筇枝遶四鄰。峯北看雲忘世務。澗南聽水得天眞。名高寂寞存僧史。林下風流侶

晉人何日枇杷苦笋熟。却遊未減去年春。君去年有苦笋上枇杷熟之句

次韻奉訓　契嵩

君事逍遙入亂雲。與君躡屐徧溪鄰。林間聽鳥聞偏好。烟際觀山見匪眞。澗水只能忙送客。岩花不解久留人。樂天更有龍門約。勝會應須趁早春。

連得公濟出山道中見示二篇鄙思枯涸奉和不暇且乞罷唱　契嵩

詩篇留落野人窻。又得虞卿璧一雙。怪似蛟龍出古水。清如日月浸秋江。賡吟何止夸山澤。變雅終須繫

國邦。爲報詩家驍將道。雪關休唱已心降。

次韻奉訓　蟠

幾夕論詩坐石窻。憐君百首妙無雙。勾牽野興侵孤月。惱亂詞源湧大江。數紙忽然來竹嶺。千年猶可照吴邦。相思未免還相挑。莫竪旗旛卻詐降。

出山至中途寄永安禪師　惟晤

松行未盡卻回頭。寒雨霶霈已漸收。望海闇邊雲繚繞。雲春橋下水奔流。出庵驟別高談遠。城寺將歸滿面羞。須倣著書同護法。悠悠人事漫拘囚。

次韻和訓　契嵩

忽憶山中人白頭。歲闌來看雪初收。詩篇見賞皆高興。謝客相隨匪俗流。漫有喦雲供夜臥。況無土食備晨羞。愛君吟詠殊堪聽。金玉聲音勝楚囚。

公濟冲晦出山次日奉寄　契嵩

孫綽曾陪支遁遊。千年人謂兩風流。羨君慕此乘雙屐。結侶還來共一丘。衣冷雪霜猶未去。興高雲月肯甘收。耽詩重道皆無比。應敵當時萬戶侯。

次韻奉訓　蟠

猿聲未落鳥聲愁。筍發花開澗水流。還對春風驚節物。漫思野老傍林丘。古人得道多深隱。賢守知名貴早收林下頻過君莫怪自看骨相匪封侯。

次韻奉訓　惟晤

今日追懷昨日遊二君乘興似奔流遠尋幽壑行拖屐累到深雲卧枕丘崖竹簫疎晴影亂塢梅零落晚香收會須重訪藤州老更約高才沈隱侯。

次韻奉訓　契嵩

樂天已與廣宣遊更出風塵外俗流酒聖盡能非畢卓詩仙皆欲接浮丘（問公濟與冲晦遊斷此葷酒多隨其奉戒）篇章逸處江山動筆硯問時雲雨收況有聲名俱籍甚竝飛南北動王侯。

歲暮還西塢寄公濟無謍　契嵩

乘興溪邊去。仍從林下歸。梅香帶春信。日色煖人衣。白髮思還遠。清流遇更稀。野禽寍會意。相顧向柴扉。

次韻奉和　蟠

聞說西庵好。藤州恐不歸。延年松可食。避世草堪衣。山塢雪應滚。林端梅亦稀。猶憐二禪老。佳句及城扉。

次韻奉訓　謍元

野步溪流靜。源深興未歸。晚禽棲雪竹。殘霞洒禪衣。放意天涯遠。狂吟人落稀。詩成寄吾侶。清氣動林扉。

次韻奉和　惟晤

白髪東山老。青林西塢歸。聽猿時駐錫。厲水自褰衣。
高論才難敵。孤蹤行亦稀。慚君寄樵採。佳句出嵓扉。

寄東山禪師　　蟠

高臥西林月。孤閒獨見君。杖籬探澗水。欹枕看山雲。
鹿過何人見。猿啼只自聞。篇章知幾首。寄我莫辭勤。

次韻奉詶　　契嵩

翛然林下隱。吾道異夫君。習忍如幽草。觀身類片雲。
人情無意染。鶴唳有時聞。謝客詩懷寄。憐君此興勤。

蟠雪夜登湧金樓遠望西山憶仲靈洒然有
邁世之風因思山陰王徽之雪夜獨酌四望

皎然。徘徊詠尤太冲招隱詩。忽憶戴逵扁舟乘興、余恨未能遂往、聊寄此詩。

家占西湖島上雲。雪光月色更侵魂。興來爛漫投空老。投或作心詩罷蒼茫眼正昏。晉國衣冠何處覓。梁朝殿閣儼猶存。思君不及山陰夜。遙望青松聽雪猿。

次韻奉訓　契嵩

暝色陰森雪和雲。故人當此動吟魂。烟凝火冷萬家靜。水色山光竟夜昏。興發晉賢前古遠。詩傳蕭寺邇今存。春歸嵒壑多芳樹。漫欲遙君同聽猿。

寄勉冲晦速和拙什　蟠

冲晦儈儒詩者豪。尤憐賴汝壯方袍。一千篇興時無敵。三十年功格最高。白髮逢春今更勇。淸吟徹老莫辭勞。何朝始肯將珠玉。卻報仙人換木桃。

次韻奉訓　惟晤

杜門誰復念吾曹。老畏春寒擁毳袍。懶慢從來徒自笑。唱酬今更怯君高。曾無道譽喧喧播。厭把肝脾苦苦勞。佳句忽來催野句。譬將凡果逼仙桃。

新歲連雨不止因寄公濟兼簡賢令强公　嵩

寒郊纔喜歲華新。景物陰陰又一旬。雲帶天低垂壓野。雨藏春晝暗迷人。盦愁燈火妨明月。卻歎詩家惜令辰。陶令而今臥江國。倚樓吟望更誰親。

次韻和訓　蟠

林扉厭聽雨聲頻。爲惜春風只九旬。裛撲山花將放杳。侵尋歲月已過人。何時好去遊南澗。每夜空來望北辰。愁坐更無車馬客。獨憐詩筆謾相親。

竊覩仲靈久雨詩且道余與公濟吟從之意輒次韻奉和　至

詩興勾牽日日新。年光初破雨彌旬。舊遊已得新工部。佳句今逢休上人。仲靈文章大手非特休比此比以詩詰耳雲外馳心關水石。江邊搔首望星辰。泥深未愛尋山屐。誰與西庵杖屨親。

重次元韻　至

吟思那知歲月新。初鷺啼雨早經旬。娟娟野竹通寒水。洗洗江梅冷照人。鷲嶺茲遊勞夢寐。虎溪一笑尚參辰。千金褒字形篇尾。迹未相同意已親。

又次韻奉寄强令　契嵩

冉冉流年年曆新。仲春春日未盈旬。何爲萬里青雲士。來問雙峯白髮人。詩思雅驚含老格。風神淸爽惜芳辰。況聞傲令陶元亮。臘屐須來與我親。

重次韻奉訓　至

千年支許事如新。欲寄前遊漫歷旬。雨帶黑雲遮俗客。猿呼飛鳥伴幽人。從容劇論知何日。感激佳篇慰此辰。四海聲光非鑿齒、道安名重若爲親。

鐔津文集卷第十八

鐔津文集卷第十九

附錄諸師著述

序

釋懷悟述

昔賢首菩薩於華嚴會中以偈答文殊大士讚菩薩能示同世間云雅思淵才文中王歌舞談說衆所欣信乎文之能顯道濟物也豈獨今之然乎自往古他方佛世無不然耳始余年少時走四方叢林尋訪師友務道專學有效古高世僧萬里求師之志於稠人中沈沈自策其氣志若上將軍負所欲建立邦家之意前邁敵國而且戰且行不遑食息也聞所謂東山

明教禪師之高文卓行。道邁識遠。凡獲見其所著文
畫莫不錄敘而秘藏之。及於錢唐靈隱山。得嘉禾陳
令舉所撰師之行業記石刻。末云師自定祖圖而下。
謂之治平集。又有嘉祐集。總六十萬餘言。而其甥沙
門法澄。克奉藏之。以信後世。繼聞其廣本。除已入藏
正宗記輔教編外。餘皆在姑蘇吳山諸僧室藏之。余
固累遣人至彼山諸僧居歷訪之。而寂然無知其所
在者。往往所委不得其人。失於護藏。而為好事者竊
移他所也。大觀初。余居儀真長蘆之慈杭室。於廣眾
中得湖南僧景純上人者入予室。一日投一大集於

席間曰此老嵩之全集也秘之久矣聞師切慕其遺文願以獻師余獲之且驚且喜念茲或天所相而授我耶若獲至珍重寶自皇極中庸而下總五十餘論及書啓叙記辯述銘贊武林山志與諸雜著等約一十六萬餘言皆舊所聞名而未及見者雖文理少有差悞皆比較選練詮次幾始成集庶可觀焉更冀善本較詳莫由得也後又遇周格非出守虔州回得其非韓文三十篇三萬餘言又緣兵火失之遂未能就其集近又得本於禦溪東藍彥上人乃與余昔於匡山所得別本較之文字亦甚疎謬乃以韓文條理而

正之然師之著述不得其傳而散落多矣如天竺慈雲法師行狀曲記長水暹勤二師碑誌行道舍利述匡山暹道者碑定祖圖序皆余自獲石刻而模傳之今總以入藏正宗記定祖圖與今文集等會計之纔得三十有餘萬其餘則蔑然無聞矣如令擧所記謂有六十萬餘言者今則失其半矣吁嗟惜哉今以令擧所撰行業記標之爲卷首貴在見乎師之世系嗣祖出世去留之迹奇節偉行高才勝德邁世之風焉乃以輔教編上中下爲前三卷以師所著之文志在通會儒釋以誘士夫鏡本識心窮理見性而寂其妬

謗是非之聲也。又以眞諦無聖論、綴于輔教編內壇經贊後。以顯師之志。在乎弘贊吾佛大聖人無上勝妙幽遠淵曠之道。不存乎文字語言。其所謂教外別傳之旨。殆見乎斯作矣。故其贊末云。示法非文字故至人之宗尚乎默傳也。又曰。聖人如春陶陶而發之也。至人如秋濯濯而成之也。此謂終歸乎靜默焉。故眞諦無聖論結云。凡聖知覺者眞諦之影響妄心之攀緣耳。然有志於外文字之學者。覽此二說。豈不少警于中乎。其輔教集舊本。以累經鏤板。故雖盛傳于世。而文義脫謬。約六十有餘處。今皆以經書考正之。

覽者可以古本參讀之。則其疏謬可審矣。今自論原而下。至于贊辭。約爲十二卷。次前成一十五卷。昔題名嘉祐集者是也。其非韓文。昔自分三十章。今約爲三卷。次前成一十八卷。又得古律及山遊唱詶詩。共一百二十四首。分之爲二。總成二十卷。命題鐔津文集。示不忘其本也。然師嘗自謂人生世間。閑爲第一。蓋其自得閒中之趣。故其所爲之詩。雖不甚豐濃華麗。而其風調高古雅淡。至其寫志舒懷。有邁世凌雲之風。亦可想見其人也。觀師與月公晦書。自言。余志在原教。而行存孝論。余詳考其書。則功在於原教非韓行在於書僧卽僧也者孝論德在於志尙遠公而題其影堂文道在於壇經贊寘諦無聖論其文之高拔勝邁絕出古今則見乎武林山志故後敘謂因風俗山川之勝欲抛擲其才力以收其景趣也乃作武林山志然求世之知言審音者不亦難其人哉師自攜書謁天子宰相而下凡所見則止以正宗記輔教編而投之至於文忠公則特獻之新撰武林山志焉嗚呼文忠公謂文章如精金美玉市有定價非人輒可以口舌輕重之也其重讀徂徠集云待彼謗焰熄放此光芒懸人生一世中長短無百年無窮在其後萬世

在其前。得長多幾何。得短未足憐。惟彼不可朽。名聲文行然。讒誣不須辯。亦止百年間。百年後來者。憎愛不相緣。公議然後出。自然見媸妍。故師之於慶曆間。始以文鳴道於天下。然當是時也。宗儒束教輩。是非之鋒。謗罵之焰紛然。而師終以是道。發而著之。爲高文至論。乘風而殄之。蔑如也。故後世學者。有聞其風。務其道。而矚其文者。若脫冥遊。望北辰。仰昭回也。然茲姑以師之經世文章。恢弘輔贊吾如來至聖之教之道。涉人間世而然也。若其自所履蘊操守。則瑩然若珠光玉采。日精月華。而不足以方其溫潤高潔明淨也。故令舉記其行業云。師之所以自得而樂諸已者。蓋不與於此。中間雖以護法遭難。然其所謂珠光玉采。日精月華者。世雖見其有烟雲水火。焚溺蔽虧之患。而其光采精華固瑩如也。故師之自携書西上。獻之　天子。事畢將東歸山林。而大覺璉禪師賦白雲謡以將師之行云。白雲人間來。不染飛埃色。遥爍太陽輝。萬態情何極。嗟嗟輕肥子。見擬垂天翼。圖南誠有機。去當六月息。寧知絪緼采。無心任吾適。天宇一何遼。舒卷非留迹。然則師之風貌聲容。其所以出處斷可見也矣。紹興改元之四年。甲寅重陽後一日。

書于衡溪東郊草堂之北軒。

又序

師自東來。始居處無常。晚居餘杭之佛日山。退老于靈峯永安精舍。黙晤其迹。雖或出處不定。然其所履之道。高妙幽遠。而末路學者。器近不能曉悟。而師終亦不肯少低其韻。以撫循其機。因而歎曰。吾安能圓鑿以就方枘哉。聞聖賢所謂得志。則行其道。否則行其言而已。言之行。猶足爲萬世法。使天下後世學者。識度修明。遠邪見而游正途。則奚必目擊而授之。謂從已出耶。因卻關著書。以考正其祖宗所以來之之迹。爲十二卷。輔教編三卷。又列定祖圖一面。書成。攜之京師。因內翰王公素獻之 仁宗皇帝。又爲書以先之。上讀其書至臣固爲道不爲名。爲法不爲身。歎愛久之。旌以明教大師之號。賜其書入藏。書既送中書。時魏國韓公琦覽之。以示歐陽文忠公修。公以文章自任。以師表天下。又以護宗不喜吾教。及見其文乃謂魏公曰。不意僧中有此郎也。黎明當一識之。師聞因往見之。文忠與語終日。遂大稱賞其學贍道明。由是師之聲德。益振寰宇。事竟。遂買舟東下。終老于山林。師雖古今內外之書。無所不讀。至於所著書。乃廣明外教皇極中庸之道。安危治亂之略。王霸形名賞罰之權。而終導之歸於無爲寂默之道。當世聞人。少見其比肩焉。而痛以內教自律其身。端以儉素誠德爲宿歸之地。而慕梁惠約之爲人也。其所蘊至道淵密。然以其所學。較其所爲。而未見少差焉。所著書觀當世士大夫不顧名實。而是已非他也。謂以儒而嫉佛。乃作輔教編。學者亡孝背義。循養其所欲也。乃作孝論。尚綺飾辭章。而不知道本也。乃作壇經贊。苟合自輕。而不自上以德也。乃題遠公影堂文。志其所慕。以風末世之華侈也。乃作山茨堂序。因風俗山川之勝。欲抛擲才力以收其景趣也。乃作武林山志。其明聖賢出處之際。性命道德之原。典雅詳正。汪洋浩渺。尤爲博贍。總號之爲論原。其如詩書序贊記傳表啓銘誌。題述評辯。是是非非。所謂太山之毫芒耳。及後終於湖山。而火化不壞者六物。天下聞其風。莫不東首而長想。嗚呼。師云行鳥飛於天地之間。視萬乘之尊。其勢霄壤之遼也。顧王公貴人。雲泥之異也。一旦以其所爲之書。獻之天子。爲之動容。天下靡然嚮風。而使其乃宗乃祖。吾佛無上妙道。明白於萬世。而卒酬其抱道輔教之志。非其自信修誠之效歟。後之學者。讀其書。必有掩卷而三歎者也。嗚呼。師之道譽聲德。既其超邁。故後世學者。或當時在位道贊人主。師表於天下後世者。皆仰而慕之。若天雲日星焉。故有尋遺風。想遐迹。瞻頌稱讚不已。有若前所記淨因大覺璉禪師。將師之白雲謠。若江西洪覺範之禮師之骨塔詩。若南海楞伽山端介然弔師之古詩。凡百韻者。西蜀住龍舒天柱山靜禪師遙慕詩而序贊者。若靈源惟清禪師之跋詩二手帖而伸贊之者。今皆筆之於此。或詳或畧以備研覽而發季世學佛者之志操焉。其淨因太覺璉禪師送師之白雲謠者。已見前之後序中。此不煩録矣。

令既以陳令舉所著之記爲前叙。舊得一叙不書名。不知何人所作。或云瑩道溫。觀其文藻美麗。或近似之。他輩不能爲也。而中間叙其爲文之所以。而不甚流類。不免隨爲葺正之。仍舊叙于集末云。

禮嵩禪師塔詩三十一韻　石門釋惠洪作

吾道比孔子。譬如掌與拳。展握故有異。要之手則然。
晚世苦陵夷。講習失淵源。君看扱迹者。紛紛等狂顛。
韓子亦儒衣。倔强稱時賢。憑陵作詬語。到死不少悛。
後世師韓輩。冗長猶可憐。趨名不自信。泛逐工詞言。

譁然皇祐初。飛聲鬧喧闐。田衣動成羣。怒癭空自懸。
縮首不暇息。兀坐如蹲猿。堂堂東山公。才大德亦全。
齒牙生風雷。筆陣森戈鋋。隱然湖海上。長庚横曉天。
作書肆豪猛。揮斥莫敢前。羣兒雖貌敬。聽論已不專。
書成謁天子。一日萬口傳。坐令天下士。欲見嗟無緣。
功成還山中。笑語荅雲烟。我來不及見。山水自明鮮。
入門寂無聲。修竹空滿軒。永懷翛然姿。骨目聳清堅。
僮奴豈知此。住兹亦彌年。指余以石塔。草棘北峯巔。
再拜不忍去。聽此遠澗泉。吁嗟末運中。那復斯人焉。
文章亦細事。清苦非所便。但愛公所守。遠拍諸祖肩。

遲遲哦公詩。落日滿晴川。願持折脚鐺。結茅西澗邊。歲時邏松檜。來此掃頹磚。

弔松禪師詩并引　南海楞伽山守端述

建中靖國改元辛巳冬十一月既望。余抱遠公文集。自廬嶽而東。圖入木錢唐。布流天下。乃特詣師故居永安精舍之後嶺。端蒙雪霜。排榛莽。於所藏闍維不壞之五相舍利小石塔前。恭備香羞茗燭等。作禮以供焉。因抽鄙思。爲五言古詩凡一百韻。長跪端想。誠百其心。粲若有對。遂作南音稽然以諷之。庶不忘其本。而聊爲攀慕悼之之誠也。禪師

平日有詩云異鄉風俗客不惡但欲南音來耳邊
余連與藤東西交徼最爲密邇禪師遷寂在於熈
寧五年之夏余纔八歲其實忝師里中之晚生所
作南音不得不爾苟不離正受庶其裁擇焉
覺城否復隍慧日書有食苟無明哲士曷以救顚仄
緬惟東山師降靈自天德申甫寧加諸奪身若葡萄
吾法傾不綱蒼黃莫之測詵詵排佛徒岩岩侍君側
適操權衡者兼領辭翰職率意務品藻庶形在埏埴
唐書預之修韓語例增飾竊自比丘軻拒我過楊墨
惜彼迹至言會之通皇極廢道專以人訐惡肆其力

坑焚必有待伐削豈容刻愚俗初易欺聖主終難惑當時禪講輩動類百千億獨誰敢枝梧縮手俟徽纆唯師奮然作慼憤形諸色一言塗腦肝萬卷羅胸臆八爵猶唾遺冥鴻詎籠得蠢蠢嗟東人遲遲別南國歷楚仍騁吳百城慕知識義龍雲之天禪虎角而翼誅茆靈峯西殺簡山源北著書傚龍猛護法掌司直正宗序昭穆原教辯離卽（謂儒釋二教雖殊皆相資而化物也）筆峯迴崷崒詞海彌湢派紛葩若輝散宏麗侚典實匠媧補穹旻効禹導溝洫動成幾百卷經世爲模則斯文千古雄斯義萬夫特據理從所征處戰無弗克吾皇遇

唐虞吾相遭禹稷抱書乃西獻乘時闢凶塞喜覽明光殿撫念加歎息賞其擊表才爵爲天下式謂嘗獵英雋忽此遺鬐弋小避三公位高憑四依軾慧日昏復明禪經亂還緘智林久宜茂福田廣須植大信過豚魚至仁周動植艮可班諸藏尋卽遵所敕略去五韻飛章類席卷橫議同鏡拭春喉那補爨樹口拑拱默始知猛陵翁卽師里名彼多獼猛陵男子故原筮無遺慉金湯義存存涇渭情湜湜略去二韻旣而謂東歸湖山夢還憶列戶翠可染當窻秀堪織風尙淸散爲僧年白駒逼孰貴秉獨遊鼓缶歎吳日林遠爭追隨宗雷苦凄惻禪誦心

稍隤騷雅興。仍亟道行愈峻。卓德聲轉輝䞉。（略去七韻）宴坐君無何。遺偈見敦飭。大梅鼯鼠聲。匪我相因福。（師臨終偈云。不似大梅老。貪隨鼯鼠聲云。）奄然遂長往。休徵難具仂。明發鷲峯下。闍維火初熄。五相堅不化。鮮柔光耀翌。燦若金出緋。瑩如玉分玏。式旌無妄犯。奉法剛而毖。靈山衆咸覿。望林加渴讟。尅奇冠前籍。景仰動殊域。王公競嗟駭。士庶增悃愊。（略去二韻）其收鶴林骨。合葬鷲山肋。（略去三韻）澗猿徒自號。書魚蠹誰餌。僧史半十料。工歌全九戢。（略去六韻）致我來吳楚。慕師自岐嶷。獲記楞伽遊。誦味踰鱠職。（師有遊吾湟川燕嘉亭。及楞伽山寺記也。）哲人既云殂。至道亦將

踣已乎三十年臨弔徒深尅妙峯高爲塔梵天廣成國（國或作異）萬物備蒸嘗五雲爭輔翊乾坤或幾息海山有時泐師其道與名勃然長鬵鬵

余研味其詩雖風調氣韻高爽遒勁而中間凡用事綴韻過于迂僻今畧取其辭意簡雅超邁之句或成七十三韻亦可見其才志向慕之誠至焉

贊明教大師（并叙）　龍舒天柱山修靜述

始余讀嵩禪師輔教編愛其文落落有奇偉氣而能發揮釋氏之道以諭夫當世名儒釋子之不知教本者俾之達性命之奧見聖賢所以施教敷化之心而不淪於是非相戰之地（中間叙繫處皆畧之）若夫統之有宗而

窮深及微。則尙恐二家之學者。或未易曉其邊徼。況能究其道而見其全乎。及其示寂後。闍維而五物不灰。然此雖師之糠粃。而以歿故。已方見信於其徒。則其所蘊精粹要妙。而不獲見知於人者多矣。嗚呼。道之難傳也若是乎。予甚悲之。其道雖能化當世名儒。而不能盡化其徒。故師歿後。其眞風勝軌不甚章章絢爛於世。玆或希世之才。黃鍾之音。不投於里耳小器哉。予晩路末學。不遑洒掃于庭宇。而覘望餘光。徒臨風揮涕。有胡不萬年之歎也。今採其遺芳。稽首長想。系之以贊云。

藤山之東。紫雲浮空。爰有僧龍。名配維嵩。自脫襁褓。居仁由孝。冰雪其躬。律儀是傚。遠覽高翔。遊吳暨梁。道繼佛祖。欲隱彌彰。適丁祇園。謗燄四起。縱筆成書。蓋不得已。既而撲滅。曇花重榮。嘉祐之間。獨飛英聲。帝澤屢霑。公卿折節。咄嗟吾徒。反肆鴃舌。遂賦歸歟。安於覆盂。少林食毒。異軌同途。小智自賢。所在成市。頎然誰儔。理固宜爾。太阿出匣。斬蛟戮螭。用之補履。曾不如錐。答焉云逝。遺迹莫繼。凜乎眞風。永蠲氛翳。嗟乎甒生。不克祇承。每一念至。氣塡于膺。竟何能爲。只益慚怍。聊筆清芬。式告來學。

題明教禪師手帖後二首　靈源叟

吾佛大法蓋世出世間千聖萬靈道德性命之本源源深本妙非思議可及其應緣揚化也當必資開士因王臣之力啓物信而禦外魔開士出蓋視法運之通塞決與世致益不苟然也藤州明教大師嵩和尚其人歟妙達玄宗博極世解出皇祐至和間見外黨有致吾法之瘡疣者則曰予竊菩薩權爲如來使辯而明之以度彼惑俾歸正趣實所任職矣於是著書聞奏蒙

仁宗皇帝嘉賞勅入經藏班行天下於是魔雲廓而

佛日輝也。和尚既建功德於教門。其英聲茂實。莊飾其曹。稍蘊知識。皋知欽慕。而比年法值下衰。人根鄙劣。喜剃染之便。爭變形服。竊入吾家。紛情世塵。濫廁僧倫者。皆是見聞思慮。不脫俚俗。何高德勝義之能講慕哉。寶因擇言上人。當此時能竦所聞。而矜所慕。其賢於濫廁之流者。故可稱也。雖久游禪林。服業祖道。而於弘教大士。知開導耳目。起睎驥之志也。故在京師。聞律僧有上世與明教相厚善者。乃訪問之。彼爲道前事。且出此帖示之。擇言苦求得之。珍收南來以示余。若有異獲。因語之曰。汝企其人而重其遺迹。

以彼名耶實耶以名則於彼外矣徒可資於談柄無益乎己以實則名教之至論可考以發覆致遠者甚多汝宜尋而究之且想彼標致以自勉激則終有益也矣年月日

又帖

明教大師嵩和尚自稱藤州東山沙門乘夙悲誓出于皇朝始以天下縉紳先生或未究我法大道之源而域守所習跡佛教爲夷狄之法而蔑視之至加毀滅謂無使混害中國周孔之道和尚惜彼循之而遺根背源而向泒非徒謂暗乎此其學周孔之道也可

得謂能自其明而極其誠由其誠而盡其道以成天下大本大公包博無外純全之妙神者耶由於不自知所以不知人矣和尚博極古今儒釋教道之本會通聖賢理事論議之跡若振綱張網舉領提裘目分毛斂見者皆明義貫理融感會神府乃知凡聖人所出之方所示之言特其教之跡矣使知識之明者由此自返所以跡所以言者以內照之則靈于廓然無內外無彼此豈華夷儒釋之可辯耶乃著之書號輔教編以開諭縉紳先生之徒奏之　天子上嘉歎之勅與班行而名卿鉅儒至如歐陽文忠公諸豪覽其

書。莫不歎服。敬而禮之。復緣淺識講解輩。毀其宗門。故撰正宗記定祖圖以辯其說。亦奏上行之。既而還東吳示滅。靈迹甚異。具如傳記。其牆岸法門。啓迪信路。雖古高僧之雄者。不過爾耳。禪人寶智得其遺帖求跋。故援毫信手。愧不能述其萬一也。靈源叟書。

至聖至言。回偏樹正。皇天皇覺。決淺賾深。大哉善哉。福霑諸後。重刊所疏。續繼斯云。

鐔津集重刊疏

夫明教大師乃是大乘菩薩。知佛法有難。於是乘大願輪。復生世間。著書輔教者也。昔宋之鉅儒縉紳先生。嘗評其文曰。不惟空宗通。亦乃文格高。斯言是矣。歐陽子云。不意僧中有此郎耶。當時排佛之心。已廓然熄滅而無餘矣。古今僧中之爲文者多。而未嘗有出其右者。所謂北斗以南。一人而已。自昔兵變已來。書板磨滅。後之學者無所見聞。爲可憂也。玆欲重刻吳中。所費繁夥。於是綴疏仰謁羣賢同道學者。覩玆勝事。得無慨然贊助者乎。

爲因緣而出現世間。咸宗鷲嶺。以文章而黼黻聖諦。惟尙鐔津。深窮萬法之原。同入三乘之藏。讀之可以開人天之眼目。統之可以掃儒釋之藩籬。好書而不好此書。孰謂好學明道而不明斯道。豈曰明心。欲重刻雲間。益廣傳于天下。致永叔黎明之見名重一時遭

仁宗天縱之資。功垂萬古。羣賢既遇。勝事當成。

洪武甲子春天台松雨齋沙門原旭撰

右松雨老和尚。爲琦首座製疏。重刊宋明教大師文集於雲間。既以化行。開至二十餘板矣。適琦公疾作。不克成其事。茲以天全獻首座。慇邪法增盛。發堅固志。繼其芳猷。一日持此卷過余堅密精舍。命題于後。

余雖不敏觀此勝因不覺踴躍而喜此集湮沒久矣若使竭力成就大行于世正所謂揭慧日于中天耀昏衢於叔世者也天全其勉之

永樂三年冬嘉興府僧綱司都綱天竺弘宗書

重刻鐔津文集後序

學有及物之功文爲載道之器學而不能利乎物徒學也文而不能衍乎道空文也若夫推其道發於文章肆其學以援斯人宋明教嵩禪師其人歟嗟夫吾佛之教法心法也生靈同而有焉但爲虛妄所蔽不能顯現汩四生淪六趣何由得已哉而吾佛愍之以

此心法隨器而諭俾各得乎本有或者不仰恩懷德反生譏毁是則自毁其心非毁其教法也教中所謂世智辯聰八難之一且不信而毁又非虛妄所蔽若虛妄所蔽或能了妄即眞不信而毁則自昧其心自昧其心猶種之敗芽之焦不復有發生之日矣得不尤可懸哉而明教性稟生知能體佛意學則必欲援世非徒學也文則必在明道非空文也况是時天下學士宗韓氏以拒我故勸書原敎諸文不得不作焉學者總粹號鐔津文集斯文行世眞救世明道之要術也可一日而無哉舊版湮沒人皆痛惜嘉禾天寧

首座天全叡公。乃東海慧眼弘辯禪師之弟子。施衣資重梓流行。其亦明教之心也歟。板既成。請敘其後。蒙晚生讀其文集。有不得執筆從游之歎。今獲厠名于後。不亦大幸乎。不亦大幸乎。

永樂八年。歲在庚寅。夏四月初吉。

浙江杭州府。徑山禪寺住持沙門文琇。

鐔津文集卷第十九終

鐔津文集功德人名

唯識述記餘欵錢拾八千六百六十六文、

仁開師　緒眞師　慧越師各六元　方成師二元五角

印成師二元六角　昌立師二元　達如師三元　昌慧師　麗雲師　麗淨師　昌林師各二元　廣修師十角　自得師三角　本明師七元　密波師　昌松師

覺持師　聖達師　昌慧師　法善師　復成師

覺成師　慈廣師　日輝師　覺慈師　慧泉師

慧量師　善敬師　本立師　寶明師　蓮渡師

寶德師以上各一元　本通師二元　慧康如願共一元　圓覺

師四角

李本修洋四元　李慧純四元　李慧玲六元　李
慧仁四元　李慧福二元　李淨德二元　王慧鎧
三元　王慧鉀二元　王慧海六元
三寶弟子李本修　李慧仁　李慧純　李慧玲
李慧心　李慧福　李丁氏　李志翔　李志熙
李閏子　李郜氏　李同蓮　李陳氏　李昌清
李昌淨　李德善　李淨謙　毛張氏共洋一百十
元願業障消除淨因增長　李節子助洋拾元求消

吳延壽　李本修妙洋四元回向萬慧月承斯善利超
生安養見佛聞法　李性修二元　李靈根二元
無名氏　臧潤林　何淨道　李淨圓　黃福如
魏果妙　韓淨順　王慧妙　陳本貞　文慧智
栢慧成　殷果清　蔣賢定　王慧霖　卜慧圓
魏道眞　馬淨長　慧朗　陳慧蓮　程淨仁
吳慧心　卜淨祥　熊慧超　潘慧燈　韓如量
張知止　方妙明　華慧明以上各一元　徐艮壽二元
周慧寶　孔慧安　李慧光各二元　知非　知幻
知妄　知因　何性學　朱性亮　徐智修　徐慧

修　謝慧持　謝如理各半元　知心十角　王善人十角

施如地　施如金　施如山　施如秤共一元三角　朱

慧照　闞慧中　沈慧宏　趙淨德　富慧勝　鮑

本明　花慧光　李慧寶　楊慧解　楊如法　楊

慧能　慧悟各五角　王慧誠　許慧炬各六角　班慧

月　卜慧乘　劉慧海　施慧忍　張慧清　胡善

人　鄭慧苑　卜上善　鮑慧捨　梅如珠　施知

有　劉如寶以上各四角　慧本　慧果　慧茂　性修

性原　性淨共十角　卜淨喜　知靜　包慧定各三角

高道眞五角　慧風　慧雨　張慧大　蔣慧勝　馮

知眞各二角　悟通　許芝謂共五角　王知性十角　王慧淨六元、王慧鉀六元　王慧海十元　如意寮欵撥刻

共收洋貳百八十三元化錢貳百五十七千五百三十文

又小洋貳百七十角化錢二十二千一百四十文

收唯識述記撥欵錢拾八千六百六十六文

總共計收錢二百九十八千三百三十六文

共刻連圈計字十五萬九千三百四十三個

計刻資錢貳百八十六千八百十七文

板架四張計錢四千文

書籤四条計錢八百文

總共支錢貳百九十一千六百十七文

除支仍餘錢六千七百十九文又洋四元

印書一百部其印欵不敷貫通師補足

光緒二十八年秋　揚州藏經院存板